고목이 시를 짓다

정시식 시집

고목이
시를
짓다

정시식
시집

시인의 말

나이테 헤는 시인이 되고 싶다

공직에서 물러나 카메라와 함께
고목나무를 찾아다니면서
나무가 전해주는 얘기 새겨듣는다.

그 향기로운 이야기를 시어로 담아내려는 시도는
深泉 김은수 시인님과의 만남 덕분이다.
시라고 하기엔 너무나 서툰 언어의 나열에 불과하지만
팔순의 낡은 뇌세포를 다듬어 주느라 애쓴 가르침과
함께 공부한 문우들의 격려가 큰 힘이 되었다.

하늘의 별이 되신 부모님, 다섯 형님·누님 내외분
그리고 오늘의 나를 있게 도와주신 모든 분과
말없이 응원해 준 가족
오랜 세월을 지혜롭게 살아온 고목나무에게
'나이테 헤는 시인이 되고 싶다' 는
늦깎이 늙은이의 소망을
이 한 권의 시집에 담아 바친다.

만남의 장을 마련해 준
대구가톨릭대학 평생교육원 '물별' 아카데미와
계명문화대학 평생교육원 '돌담' 시동인
책을 만들어 준 도서출판 '은수' 편집인에게 감사드린다.

2024. 11 월.

송연 **정 시 식** 드림

목 차

제 1부 | 대구광역시 편

1-1. 동화사 오동나무 · 12
1-2. 반야용선 전나무 · 14
1-3. 통일 염원하는 능소화 · 17
1-4. 광복소나무 · 19
1-5. 도동서원 은행나무 · 21
1-6. 신선송神仙松 · 23
1-7. 표충단 배롱나무 · 25
1-8. 이밥 짓는 이팝나무 · 27
1-9. 안정자 · 29
1-10. 염불암 낙락장송 · 31
1-11. 상생수相生樹 · 33
1-12. 어진나무 참느릅 · 35
1-13. 염불하는 모감주나무 · 38

제 2부 | 경상북도 편

2-1. 한류韓流 은행나무 · 41
2-2. 설법하는 처진 소나무 · 43
2-3. 세 생명 환생목 · 45
2-4. 말하는 은행나무 · 48

표지디자인 | 방윤제

· 홍익대학교 조형대학 프로덕트디자인 전공 · 2009 iF Concept award / Winner
· 2009 iF EUROBIKE Award Student / Winner
· 2013 대한민국 디자인 졸업전 포스터 팸플렛 공모전 / 대상

2-5. 운부암 느티나무 · 50

2-6. 만년송 · 52

2-7. 직지 문인송文人松 · 54

2-8. 행곡리 효행송 · 56

2-9. 단심목丹心木 은행나무 · 58

2-10. 장학금 주는 석송령 · 60

2-11. 하얀 꽃 느티나무 · 62

2-12. 하늘로 이사 간 은행나무 · 64

2-13. 교귀정交龜亭 노구송老龜松 · 66

2-14. 황장송黃腸松 · 68

2-15. 도덕암 모과나무 · 70

2-16. 자계행목紫溪杏木 · 72

2-17. 고목의 감이 더 붉다 · 74

제 3부 | 경상남도 편

3-1. 진혼목鎭魂木 · 77

3-2. 충무공 쉬어간 왕후박나무 · 80

3-3. 환생수還生樹 · 82

3-4. 탑돌이 하는 전승목 · 84

3-5. 천곡리 이팝나무 · 86

3-6. 입향조 왕버들 · 88

3-7. 백곡재 매향 · 90

3-8. 영동리 회화나무 · 92

3-9. 창원 북부리 팽나무 · 94

제 4부 | 전라남·북도 제주도 편
● ● ●

4-1. 장육화 · 97

4-2. 천자암 쌍향수_{雙香樹} · 100

4-3. 산수유 시조목 · 102

4-4. 느티나무 · 104

4-5. 의암송_{義岩松} · 106

4-6. 의병장 왕버들 · 108

4-7. 형의 넋 기리는 느티나무 · 111

4-8. 장군 나무 진기리 느티 · 113

4-9. 은수사 청실배나무 · 115

4-10. 세한도 모델 곰솔 · 117

제 5부 | 충청남·북도 편
● ● ●

5-1. 모과울 모과나무 · 120

5-2. 육바라밀 은행나무 · 122

5-3. 사랑나무 · 124

5-4. 충신 압각수 · 126

5-5. 미선나무 · 128

제 6부 | 경기도 강원도 편

● ● ●

6-1. 망국 한 새긴 은행나무 · 131

6-2. 나라꽃 무궁화 · 133

6-3. 우주수 은행나무 · 135

6-4. 저승길 인도한 음나무 · 137

6-5. 영월엄씨 시조목 · 139

6-6. 운교역 마방 지킨 밤나무 · 142

번역시 | 고목이 시를 짓다
한국어, 영어, 태국어, 러시아어, 불어

● ● ●

1. 만년송 · 144

2. 충무공 쉬어간 왕후박나무 · 149

3. 의암송 · 154

4. 표류기 쓰는 은행나무 · 159

해설
고목이 시를 짓다—김은수(시인) · 164

제1부

대구광역시편

1-1. 동화사 오동나무

1-2. 반야용선 전나무

1-3. 통일 염원하는 능소화

1-4. 광복소나무

1-5. 도동서원 은행나무

1-6. 신선송神仙松

1-7. 표충단 배롱나무

1-8. 이밥 짓는 이팝나무

1-9. 안정자

1-10. 염불암 낙락장송

1-11. 상생수相生樹

1-12. 어진나무 참느릅

1-13. 염불하는 모감주나무

동화사 오동나무

동화사 조사전祖師殿 마당에는
겨울꽃이 핀다

극달화상 창건한 유가사瑜伽寺
중창한 심지조사心地祖師
겨울에 꽃핀 오동나무 보고
동화사桐華寺로 명했다

진표 스님의 불골간자*佛骨簡子
수행도량 팔공총림에 봉안했다

임란 때 사명대사
봉황루에 영남치영아문* 편액 걸고
승병 지휘한 호국사찰

1992년 통일약사여래대불 세워
남북통일 세계 평화 염원하며
인류 행복 비는 오동나무
동화冬花 피운다

2024.8 월간 『시see』 (특별초대석)

　*불골간자佛骨簡子: 신라의 고승 진표율사眞表律師가 수행 중에 미륵보살로부터 얻은 찌처럼 생긴 불골佛骨. 미륵보살의 손가락뼈라고도 함.
　*영남치영아문嶺南緇營牙門: 팔공산 동화사에서 수행하던 사명대사가 임란이 발발하자 설치한 영남지역 승군사령부. 이곳에서 영남도섭嶺南都摠攝으로서 전국의 승병을 지휘하였다.

200519

소재지 대구광역시 동구 동화사 1길 1.

시작 노트 신라 소지왕 15년(493년) 극달화상이 유가사라는 이름으로 창건하였다. 흥덕왕 7년(832년) 심지조사가 진표 스님의 불골간자 두 개를 받아 중악의 유가사 지금의 금당선원 자리에 강당을 지어 봉안했다.

반야용선 전나무

고해 중생 인도하는
반야용선 전나무

부처님의 가르침에
숙종의 원자 탄생 기원하며
용파* 스님이 찾은 왕재
금강산 도반 농산* 스님에게 청하니
부처님 정법으로 숙빈 최씨 현몽해
영조가 탄생했다

숙종은 보답으로
현응玄應 시호 내리고
파계사 왕실원당王室願堂 삼고
하마비下馬碑 세우라 명했다

성전암 시주된 영조가
11세 때 쓴 자응전慈應殿 편액 내리며
심은 두 그루

성철 스님 장좌불와長坐不臥
철웅 스님 사문불출寺門不出하며
여름 희락喜樂 잊고
겨울 노애怒哀 집착 버렸다

미몽의 중생이 베어버린 자리
600개의 나이테는 자비심 펴며
반야용선般若龍船 인도하네

★ 용파 : 파계사의 용파 스님이 상경하여 어렵게 숙종을 배알하고, 스님의 부역을 면해 주고 수행에 전념
하도록 간청하였다. 숙종은 왕자가 태어나도록 불공을 드려줄 것을 조건으로 승낙한다. 용파 스님은 도반
인 농산 스님과 기도하여 영조가 탄생한다.
★ 농산 스님 : 용파 스님과 기도에 들었다가 용파 스님의 요청을 받고 입적하여 영조로 환생함.

영조가 11세 때 쓴 자응전 현판(파계사 소장)

소재지 대구광역시 동구 파계로 741

시작 노트 성전암은 종합복지회관 관장 재직 시 처음으로 철웅 스님을 뵙고 10여 년 매주 주말에 스님의 가르침을 받으면서 마음을 가다듬었던 도량이다. 처음 방문하였을 때 큰 전나무 한 그루가 있었다. 영조가 자응전 현판을 내린 기념으로 두 그루를 심었으나 한 그루는 그늘이 진다고 베어버렸다고 한다. 몇 년 전 다시 찾았을 때는 남은 한 그루마저 없어져 스님에게 물어보니 넘어지면 건물에 손상을 준다고 베어버렸다고 한다. 두 그루의 전나무는 반야용선 되어 저승으로 가 버렸다.

통일 염원하는 능소화

달성 인흥동 담장 위로
기어 오른 능소화凌霄花
여름을 부른다

이백 년 꽃 피운
강호 능소화는
북한의 천연기념물 162호

삼국유사 엿본
인흥동 능소화가 장벽을 넘고
마주 보는 강호 능소화* 그리워한다

남북통일 염원하는 두 손
붉게 합장하고

시화전(240830)

* 강호 능소화 : 황해남도 배천군 강호리 강서사江西寺 경내에 있는 북한 천연기념물 162호.

소재지 대구광역시 달성군 화원읍 본리리 인홍3길 15-7.

시작 노트 달성군 본리리 인홍동. 남평문씨 세거지에는 수령 130년이 넘는 능소화가 꽃이 피면 많은 사람을 불러들이고 있다. 처음에는 노목老木 한 그루뿐이었으나 지금은 골목마다 흙 담장에 골기와 지붕과 어우러져 여름을 손짓하고 있다.

북한에는 천연기념물 162호로 지정된 능소화가 있다. 북한 국보급 제77호인 고려 시대 사찰 강서사 대웅전 앞마당에 있다. 1840년경에 참중나무와 함께 옮겨 심은 이 능소화는 키 20m, 뿌리 목둘레 55cm, 가슴높이 둘레 48cm의 큰 덩굴식물이다.

광복 소나무

평광동 두메산골
우국충정 본받는다

조국 해방 날
단양우씨 첨백당 모여
광복 기쁨 기리며
심은 소나무

엄동설한 붉은 줄기
푸른 잎새 꿋꿋하다

"檀紀 4275. 8.15 解放 紀念"
논두렁 물막이 돌에 새긴 열세 글자
충정과 독립 정신 드높인다

심은 사람은 잠들고
첨백당 태극기는 불침번 선다

소재지 대구광역시 동구 도평로116길 192-7

시작 노트 단양우씨의 집성촌인 평광동은 지금도 대구의 오지에 해당하는 산골 마을이다. 이 마을 끝자락에 첨백당이라는 단양우씨의 사묘 재실이 있다. 1945년 8월 15일 단양우씨 집안의 좌장 우하정 선생을 비롯한 집안사람들이 모여 광복의 기쁨을 기념하기 위하여 나무를 심기로 하고 청년 다섯 명을 인솔하여 백발산에서 소나무 세 그루를 옮겨와 심었다. 그중 살아남은 한 그루가 광복 소나무이다. 광복을 기념해 심은 나무는 대전 유성구 세동의 느티나무, 전북 순창군의 순창, 임계, 적성초등학교의 소나무와 대구 동구 평광동의 소나무로 알려져 있다.

도동서원 은행나무

도학道學으로 물들인 도동서원 은행나무
낙동강을 읊는다

동방오현* 김굉필金宏弼
비슬산 쌍계서원雙溪書院 주인 되었다

임란에 불탄 서원
낙동강 가에 다시 짓고
선조宣祖가 도동서원道東書院 친필현판 내렸다

사액서원 준공 잔치에
한강*寒岡 은행나무 한 그루 심어
성리학性理學 도道를 기린다

오늘도
수현首賢 한훤당*寒暄堂
사당祠堂을 향해 경배하는 은행나무

2024 『이 시인을 주목하다』 (신아출판사)

* 동방오현 : 우리나라의 학문, 특히 도학을 연구하고 밝혀 많은 이들이 우러러보는 분으로 김굉필·정여창·조광조·이언적·이황을 일컫는다.
* 한강 : 정구(鄭逑 1543~1620)의 호, 조선의 문신 학자. 성주 출신 김굉필의 외증손자.
* 한훤당 : 김굉필(1454~1504)의 호, 조선 초기의 문신 학자로 한양 출신.
서원의 소재지인 달성군 구지면 도동리는 부인의 고향.

소재지 대구광역시 달성군 구지면 도동리 35번지

시작 노트 11월 초순이면 성리학으로 물든 은행잎은 푸른 하늘 하얀 구름과 어우러져 한 폭의 그림을 그린다. 내가 처음 이 은행나무를 찾았을 때는 수세가 매우 허약하였으나 그 후 달성군에서 배수로를 내고 사람으로부터 뿌리를 보호하는 울타리를 만든 결과 다시 회복하여 아름다운 수형을 만들어 가고 있다. 이 나무는 가지 하나가 서원을 향해 땅에 엎드려 경배하는 모습이 특이하다.

신선송神仙松

팔공산
인봉印峰에는 신선이 앉았다

소나무 본향 제비원
바위틈에 싹 틔웠다

낙락장송 생명수 찾아
뿌리내린 두 줄기

고색창연한 선비
팔공산 주인 되었다

소재지 대구광역시 동구 백안동 북지장사(서쪽 능선)

시작 노트 팔공산의 정상부를 이루는 천왕봉 비로봉 미타봉 삼성봉 네 봉우리를 도장을 찍은 듯 한눈에 볼 수 있다고 인봉이라 한다. 옛 선비 하시찬은 '신선이 소나무를 심었는데 이미 늙었다(先者植松松老)'고 은유적으로 오래된 소나무임을 표현했다. 신선이 심었으니 신선송이라 해도 나무랄 수 없다. 바위틈에 뿌리를 내린 나이를 알 수 없는 두 줄기 곧추세운 노송에 매료되어 계절이 바뀔 때마다 가파른 능선에 올라 변화하는 풍경을 즐겼다.

표충단 배롱나무

표충단에 여름이 오면
붉은 배롱꽃으로 물이 든다

서기 927년
견훤과 왕건이
팔공산에서 자웅을 겨뤘다

포위된 신숭겸 장군
왕의 옷 입고
장졸로 변장한 왕건의 목숨을 건졌다

왕이 된 왕건은
순절단과 지묘사 세워
순절한 여덟 장수와 장졸의 명복을 빌었다

지묘사는 고려와 운명을 다 하고
후진이 표충단 세워
숭고한 장군의 뜻을 기리니
표충단 배롱꽃 피워
장군의 충절을 추모한다

2024 「이 시인을 주목하다」 (신아출판사), 2024.8 월간 「시see」 (특별초대석)

230726

소재지 대구광역시 동구 지묘동 493-25

시작 노트 경주를 침공하여 포석정에서 경애왕을 자해케 하고 퇴각하는 후백제 견훤과 신라의 지원 요청을 받고 남하하던 후고구려 왕건과 부딪친 곳이 팔공산 지묘동이다. 이 동수전투에서 매복한 견훤 군에 포위된 왕건 군이 전멸의 위기에서 신숭겸 장군이 왕건과 옷을 바꿔입는 기지로 겨우 탈출한 왕건이 삼국을 통일한 후 신숭겸 장군이 전사한 곳에 지묘사를 세워 그의 충절을 기렸다. 후손들이 표충단을 정비하는 시기에 대구시의 담당 과장으로서 작으나마 힘을 보태게 된 보람은 자랑스럽다.

이밥 짓는 이팝나무

사백 년 별거해도
이밥 지어
배 불려주는 자비목慈悲木

가창 행정리 이팝나무
여름을 맞는다

농사꾼에게
상춘객에게
쉼터 내주는 정자목亭子木

함께 피면 풍년들고
흩어 피면 흉년 드는 기상목氣像木

입하立夏에 피어 입하나무 되고
보기만 해도 쌀밥으로 배부르다

190507

소재지 대구광역시 달성군 가창면 행정리 349-2

시작 노트 입하(立夏)에 꽃이 핀다고 입하나무, 춘궁기 보릿고개에 하얀 이밥처럼 꽃이 핀다고 이밥나무라고 하여 이팝나무로 음변화가 되어 얻은 이름이다. 행정리 들 가운데 농민들에게 쉼터를 제공해 주는 정자목인 이 나무는 매년 5월 초순에 만개하는데 해마다 꽃이 피는 상태가 다르다. 지금까지 관찰한 꽃 중에서는 2019년도가 가장 풍성한 꽃을 피워 전시회 출품한 작품이다.

안정자

팔공산 자락
임란 피해 온
유학자 안황의 쉼터

인걸은 변함없고
나그네 반기는 느티나무

삼 형제 중 홀로 남아
오 백년 길손 반겨 준다

타향살이 서러울 때
안부 묻는 내동마을 안정자

121030

소재지 대구광역시 동구 내동 409번지

시작 노트 공산터널 지나서 첫 신호등에서 좌회전해 내동으로 들어가면 왼쪽에 느티나무 한 그루가 동네를 지키고 있다. 고려 명현 안유 선생의 후손인 추산 안황이 애호한 정자라고 '안정자'라고 불리고 있다. 추산 안황은 청송인으로 임진왜란 때 이곳 팔공산 깊은 곳으로 피난 와서 은거하였다. 당시에는 느티나무 세 그루가 있었다고 비문에 기록되어 있으나 지금은 한 그루가 남아있다.

염불암 낙낙장송

팔공산 미타봉 아래
신라 영조선사가 창건한 염불암

동자승이 큰 바위에
불상 모시기를 발원하더니
문수보살 칠 일 동안
안개로 불당 세우고
부처님 모셨다

서방에 아미타불
남방에 관음보살
스님 염원 이루었다

부처님 첫눈 내려
흰 붓으로 마애불 그리고
낙낙장송은 일산日傘되어
극락세계 펼친다

2024 『이 시인을 주목하다』 (신아출판사)

140215

소재지 대구광역시 동화사 1길 1(도학동)

시작 노트 팔공산에서 가장 높은 곳에 자리 잡은 염불암은 신라 경순왕 2년(928년)에 세운 암자이다. 스님이 어느 날 극락전 뒤에 있는 큰 바위에 불상을 새길 것을 발원하였다. 기도하는 어느 날 7일 동안 안개가 자욱하여 지척을 분간할 수 없었다. 안개가 걷히고 나니 바위 양면에 아미타불과 관음보살상이 음각되어 스님의 염원이 이루어졌다. 소나무 한 그루가 일산日傘이 되어 부처님을 시위하고 있다.

상생수相生樹

밑자리 내주고
늦잠자는 회화나무
느티나무 껴안고 상생한다

느티가 깨운 여름
회화가지 용트림한다

배려와 자비심에
합장하는 상생수

바라보는 도동 측백수림
겨울이 따뜻하다

200420

소재지 대구광역시 동구 도동 산180번지 천연기념물 측백수림 서편 광장

작가 노트 천연기념물 1호인 도동 측백수림 앞 광장 끝자락에 회화나무와 느티나무가 껴안고 함께 자라고 있다. 큰 나무 밑에서는 작은 나무가 자라기 어려운데 이곳 회화나무는 밑자리를 느티나무에게 내어주어 느티가 잎을 활짝 피워도 늦잠을 자다가 5월 중순 지나서야 잎을 피우는 자비의 나무다.

어진 나무 참느릅

먼저 자신을 지키며
남에게 베푸는 선비

꽃 귀한 한여름
벌 나비 불러들여
배불리 먹이고

작은 씨앗 풍성한 창고
꾀꼬리 매미 깃들어
음악 연주회 연다

허기진 사람에게
부드러운 잎으로
보릿고개 넘겨주더니

위장병 불면증 환자
제 몸 벗겨
아픔을 덜어 주더라

늦은 잎 피워
작은 풀 빛 보게 하고

이른 잎을 떨궈
늦가을 봄풀 덮어
사랑을 나눈다

자선慈善 하는 어진 나무
숲속 깊이 뿌리 내린다

2023 『은점시학당』 3호
2024 『이 시인을 주목하다』 (신아출판사)

220605

소재지 대구광역시 중구 달성동 달성공원

시작 노트 시골 인가 주변에는 크게 자라는 참느릅나무를 찾아보기 어렵다. 부드러운 잎은 보릿고개를 넘겨주는 양식으로, 뿌리의 껍질은 위장병 고쳐주는 약제로 사용했기 때문이다. 꽃에는 꿀이 많아 벌 나비가 좋아하고, 작은 열매는 새들의 입을 즐겁게 해준다. 대구 달성공원 잔디광장 끝자락에 온전하게 자라는 참느릅나무 한 그루가 사람들에게 시원한 그늘을 내주고 있다.

염불하는 모감주나무

대구 동구 내동
청석 돌산에
모여 산다

숙천천淑泉川 맑은 물에
황금꽃 띄운다

중생을 구제하는
부처님 나무

7월의 햇살에
숙성된 열매
염주를 꿰고 있다

230928

소재지 대구광역시 동구 내곡동 221, 산91

시작 노트 모감주나무는 꽃이 귀한 초여름에 황금색 꽃을 피워 눈길을 끈다. 꽃이 지면 꽈리처럼 생긴 녹색의 열매가 익으면서 황색으로 변한다. 열매가 완전히 익으면 3개로 갈라져서 검은 종자가 3~6개 정도 나온다. 모감주나무는 해안지방에 많이 분포하고 있으나 내곡동 모감주나무는 내륙지방에 자생하는 특이성이 있고, 350년 정도 되는 4그루의 노목과 자목 100여 그루가 숲을 이루고 있어 1990년 대구광역시 기념물로 지정되었다.

제2부

경상북도 편

2-1. 한류韓流 은행나무
2-2. 설법하는 처진 소나무
2-3. 세 생명 환생목
2-4. 말하는 은행나무
2-5. 운부암 느티나무
2-6. 만년송
2-7. 직지 문인송文人松
2-8. 행곡리 효행송
2-9. 단심목丹心木 은행나무
2-10. 장학금 주는 석송령
2-11. 하얀 꽃 느티나무
2-12. 하늘로 이사 간 은행나무
2-13. 교귀정交龜亭 노구송老龜松
2-14. 황장송黃腸松
2-15. 도덕암 모과나무
2-16. 자계행목紫溪杏木
2-17. 고목의 감이 더 붉다

한류韓流 은행나무

화란 사람 캠퍼는
유럽에서 사라진 화석수化石樹
품에 간직하고
애지중지 길렀다.

2억 년
신비의 생명체 은행나무
중국 천목산天目山에서
생명줄 잇고
부처님 따라
한반도 일본열도로
터전을 넓혔다.

청도 하송리
운문사 참배 길에
심은 지 500년

암스테르담 필라델피아 한류韓流 은행나무
미국 유럽 가면
고향이 어딘지 물어볼 일

2024.2 월간 『시 see』 (121호)

소재지 경북 청도군 매전면 하평리 1323

시작 노트 조선 시대 김해인 김세중(1484~1553)이 경주로 가던 중 이 마을에서 하루 유숙하고는 주민들의 후한 인심에 보답해 기념으로 1509년에 심은 나무다. 이 하평리 은행나무가 세계인의 이목을 끈 것은 2010년 은행나무의 세계적인 이동에 관한 연구 결과 지금까지 일본에서 유럽으로 건너간 것으로 알려진 것에 강한 의문이 제기되었다. 선정된 145개 개체의 유전자 중 유럽 개체와 가장 유사성이 강한 개체가 청도군 하평리 은행나무에서 나타난 것이다.

이미 1730년대에 은행나무가 전 세계로 전파되어 한류의 선도적 역할을 한 것을 이 나무에서 찾을 수 있다.

설법하는 처진 소나무

신라 원광법사圓光法師 주석한
대작갑사*大鵲岬寺에서
화랑정신 이어간다

청도 운문사 스님
불심으로 심어*
천연기념물 180호 되었다

삼짇날
비구니 스님 불유佛乳 공양에
대적광전 비로자나불 가르친다

오 백년 지팡이 짚고
일산日傘 넓게 펼쳐
그늘로 설법한다

* 대작갑사 : 560년(진흥왕 21년) 한 신승神僧이 대작갑사大鵲岬寺를 창건하였고, 591년(진평왕 13년) 원광圓光이 크게 중건하였다. 왕건을 도운 보양寶壤이 중창하고 작갑사鵲岬寺라 하였으며, 이때 왕이 '운문선사雲門禪寺'라고 사액한 뒤부터 운문사라고 불렀다.
* 불심으로 심은 나무:옛날 어느 스님이 이곳을 지나다가 시들어가는 나뭇가지를 땅에 꽂아 생명을 불어 넣어 살렸다고 전해지고 있다.

230928

소재지 경북 청도군 운문면 운문사길 264

시작 노트 운문사 경내에 들어서면 오른쪽에 커다란 일산을 펼친 듯한 거대한 소나무 한 그루가 사천왕처럼 사찰을 수호하고 있다. 지면 2m 높이에서 넓게 펼친 수관의 모습은 장관이다. 운문사를 찾는 사람들은 이 나무를 만나 합장하고 삼배를 드린다. 삼짇날에 스님들은 막걸리 12 말과 물 12 말을 타서 주는 행사를 한다. 봄 여름이면 비구니 학승들이 나무 아래에서 설법을 듣기도 한다. 석가모니가 보리수 아래에서 깨달음을 얻었다면 한국의 비구니 스님은 이 나무 아래에서 득도하리라.

세 생명 환생목

세 생명
한 그루로 환생하였다

상주 띠지미* 수문장
경상북도 기념물 75호

천비賤婢 월선을 사랑한
강참봉 현손玄孫 한수

부모가 정한
강 건너 규수와
혼인했다

월선은 행복 빌며
소나무에 목을 매 자살했다

배 속의 씨앗이
은행나무로 싹 틔웠다

---

* 띠지미 : 1,500년경 진주 유씨가 마을 뒷산에 부모님 묘소를 모시고 띠집茅屋을 짓고 시묘살이를 하여 이 마을을 '띠지미'라고 하였다. 그 후 지명을 한자화漢字化하면서 두곡리杜谷里로 바뀌었다.

점쟁이 말 듣고
사후死後 월선을
현손 며느리로 맞아들인 강참봉

월선의 넋
아들의 혼
부인의 혼령이
강참봉 대를 잇고 있다

소재지 경북 상주시 은척면 두곡리 640

시작 노트 노거수에 담긴 설화중에는 사람의 환생 이야기가 자주 나온다. 사람이 죽어서 나무로 태어나고 그 나무를 마을 수호신으로 모시며, 그 나무를 해친 사람은 본인이나 가족에게 불행한 일이 일어나는 이야기는 나무를 보호하고자 하는 조상의 지혜가 담겨 있다. 두곡리 은행나무도 반가의 도령과 천비의 이루지 못한 사랑 이야기가 담겨 있다.

말하는 은행나무

칠곡漆谷이라는 이름 탄생한
1,018년쯤 태어나
칠곡군목*漆谷郡木 된 나무

각시 잃은 연민
이웃 어려움 어루만져 주는
자비로운 보호수

대흥사 짓고, 심은 나무
절은 간 곳 없고
나무만 남아
말을 하고 있다.

입에서 입으로 소문난
말하는 은행나무라 불리는
각산마을 천년 신목

성주서 시집온 새색시
말 못 할 고민 풀어준 얘기
낮새 밤쥐 퍼 날랐다

사람마다 털어놓는 고민
꿈결에 사랑하는 사람이 나타나
소곤소곤 해결해 준다

2024 「이 시인을 주목하다」 (신아출판사), 2024 「은점시학당」 5호

*칠곡군목 : 칠곡이라는 지명이 역사에 처음으로 등장한 1018년에 심어진 것으로 추정.

201110

소재지 경북 칠곡군 기산면 각산리 417

시작 노트 칠곡 통지미 마을(각산마을의 옛 지명)에는 신비한 힘을 가진 은행나무가 있다. 성주에서 통지미로 시집온 새색시는 은행나무 덕에 말 못 할 고민을 해결하였고, 그 이후 마을 사람들은 자신의 고민을 은행나무에 털어놓았다. 그럴 때마다 은행나무는 꿈속에 가장 사랑하는 가족으로 나타나 해결책을 말해주었다. 그 후 오랜 세월 사람들의 입에서 입으로 "말하는 나무"로 불리게 되었다.

운부암 느티나무

토요산방 일곱 도반
스무 해 삼 배 드린다

중악 명당에
의상 대사
화엄 도량 펼쳤다

짚던 지팡이에 잎이 나고
"天下明堂천하명당
北摩訶 南雲浮북마하 남운부"
돌에 새겨
'雲浮운부'라 편액 달았다

느티는 스님에게 깨달음 주고
천삼백 나이테 태우고도
또다시 나이테를 쌓는다

원효 성사 유심수唯心樹
성철 선사 오도수悟道樹

210220

소재지 경북 영천시 청통면 청통로 951-404(운부암)

시작 노트 토요산방 일곱 도반이 토요일마다 운부암을 찾은 지 20여 년, 암자 뒤 언덕에는 키 낮은 느티나무 한 그루가 있다. 의상 스님이 중악에 화엄 도량의 적지라고 지팡이를 꽂은 터에 절을 지어 운부사라 하였는데 그 지팡이가 절 뒤의 느티나무라고 선원장 불산 스님이 귀띔해 준다. 줄기의 3m 지점에서 잘려 나간 자리에 움이 터 몇 줄기 가지가 뻗어 수관을 형성하고 있다. 북쪽면 줄기 속은 공동이 되어서 검게 불탄 흔적이 남아 있고 상처 난 곳에는 융합조직이 자라서 상처를 치유하고 있는 처참한 모습을 보면서 끈질긴 생명력을 불어넣어 주신 부처님께 삼배를 올린다.

만년송萬年松

팔공산 장군봉 정기
화랑 길러내고
부처님 동량 키운다

큰 바위 토막낸 김유신
삼국통일 이룬 만년송

세상사 내려놓고
바위문 지나서 만년석 틈새

장군샘으로
남북통일 지혜 키우는
소나무 푸르다

소재지 : 경북 영천시 청통면 치일리 576. 중암암 위쪽 능선에 위치

시작 노트 : 팔공산 은해사의 부속 암자인 중암암(中巖庵 일명 돌구멍절이라고 함) 위에 있는 바위 군락에는 삼인암(三印巖)과 김유신이 통일 염원을 세우고 수련한 기도처와 장군샘이 있다. 바위 능선에는 바위틈새에 뿌리를 내리고 팔공산 정상부를 응시하는 소나무 한 그루가 있어 만년송이라 한다. 만년송 옆에 김유신이 삼국통일을 염원하면서 자른 두 동강 난 바위가 있다.

직지 문인송 文人松

독경 소리로 득도하고
천자문 들어 선비 꿈꾸는
김천 향천리

황악산 정기 받은 용비늘 소나무
득남하고 장원급제 비는 신목
안녕과 풍년을 기원하는 당산목

산골 마을은
문향文鄕이다

김천에서
홍성문 시인이 등단하고
이정기 시인은 시집 내고
심형준은 소설로 등단했다

길러 준 해주정씨에
보답하는 360개 나이테
날마다 문재文才 탄생 염원한다

소재지 경북 김천시 대항면 향천리 산96

시작 노트 직지사 사하촌인 향천리에 해주정씨가 심었다고 전해지고 있다. 황악산 끝자락에 있는 이 소나무는 뒤로 돌아가, 산 끝자락에서 줄기의 수피를 봐야만 진면목을 볼 수 있다.

행곡리 효행송

산불도 비켜 간 효행송孝行松
불영계곡 불침번 서고 있다

홀아비 모신
주명기의 효심 기린
정려각 뒤에
숨었다

공경을 칭송하는 솔향
효심에 경배하는 솔잎

금슬 좋은 효행송
겨우살이 품고 웃는다

071006. 천연기념물 제409호

소재지 경북 울진군 근남면 행곡리 672

시작 노트 행곡리로 들어가는 불영천에 걸린 다리 옆에 삿갓 모양의 단정한 소나무 한 그루가 방문객을 맞이하고 있다. 소나무 아래 돌담에 둘러싸인 작은 기와집은 주명기의 효심을 기리는 정려각이다. 하늘로 향하는 일반 소나무와는 반대로 땅을 향한 소나무 가지가 정려각에 담긴 효심을 지키는 모습이 아름답다. 몇 년 전 큰 산불로 주변의 나무들은 모두 타버렸으나 이 나무는 화마를 피해 행곡리와 불영계곡의 불침번이 되어 360년 효행송 제 역할을 다하고 있다.

단심목丹心木 은행나무

포은 선생이
하늘의 순리 전한다

고천동 부래산 임고서원
임란에 불타고
영천 양항동에 이사 왔다

고려 충신 모신 임고서원을
470년 지키고 있다

줄기가 선죽교에 뿌린 혼백 머금고
일편단심 잎마다 금빛 물을 들인다

소재지 경북 영천시 임고면 포은로 447(양향리)

시작 노트 임고서원은 1,553년에 임고면 고천동 부래산에 창건하고, 은행나무를 기념 식수하였다. 임란으로 소실되어 1,603년에 현재의 자리로 다시 지었으며, 사액서원으로 되었다. 이때 은행나무도 옮겨 심었다. 은행나무는 1,985년 10월 15일 경상북도 기념 물 63호로 지정되었다.

장학금 주는 석송령

석관천石串川 홍수에 떠내려온 어린 소나무
나그네 노잣돈으로 동네 어귀에 심었다

무자식 외로움 달래던 이수목李秀睦
석송령石松靈 이름지어 아들 삼고
호적 올려 전답 이천여 평을 상속했다

600년 거목 두 팔 벌려 주민 받들고
소작료 받아 동네 장학금 주는
천연기념물 294호

나라님이 아시고 하사금 내리니
석송령 장학회 만들어
미래 동량 키운다

060805

소재지 경북 예천군 감천면 천향리 804

시작 노트 약 600년 전 홍수가 나던 날, 한 나그네가 석관천을 떠내려오는 소나무 한 포기를 건져, 이 마을에 머문 기념으로 심고는 마을 사람들에게 잘 보호해 달라고 노자돈을 주고 떠났다.
동민들이 잘 보살핀 덕분에 신령스러운 나무로 자라, 동제를 지내는 당산목이 되어서 보호를 받고 있다. 일제강점기에 이수목李秀睦이라는 사람이 자식 없이 외롭게 지내다가 이 나무 아래에서 낮잠이 들었는데 자다가 문득 깨달은바 "마을의 안녕과 풍년을 가져다 준 이 나무에게 내 재산을 다 물려주어야겠다." 고 생각하고 2,000평의 토지를 석송령石松靈이라는 이름으로 토지대장에 올렸다. 1,927년 최초로 토지를 소유한 나무가 되었다. 그 이후 토지에서 나는 수입으로 동네 학생들에게 장학금을 주고 있다.

하얀 꽃 느티나무

유네스코 문화유산 등재
소원 들어준
하회마을 삼신당 느티나무

허씨許氏 안씨安氏 류씨柳氏 이야기
동구洞口에 관가정觀稼亭 짓고
3대 적선하고 3년 짚신 공양 후에
전서공*典書公 물돌이동에 입향하더니

연화부수형 꽃자리에
소원지로 하얀 꽃 피우고
탈놀이 하회별신굿 마당을 연다

무형문화재 춤꾼
이애주* 승무 춤사위가
육백 살 신목紳木
장수長壽를 기원한다

2024 『이 시인을 주목하다』 (신아출판사)

* 전서공 : 류종혜柳從惠가 조선 초 공조전서工曹典書를 지내고, 풍산으로 낙향해서 하회마을의 입향조가 됨.
* 이애주(1947~2021) : 1,996년 국가무형문화재 제27호 승무 예능 보유자.

091017

소재지 경북 안동시 풍산면 하회리 삼신당

시작 노트 유네스코 문화유산에 등재된 하회마을에는 입향조 전서공이 숨겨둔 느티나무 한 그루가 있다. 하회마을을 방문한 대부분 관람객이 이 나무를 보지 못하고 간다. 마을 중심 도로에서 동쪽으로 직각으로 틀어, 43m나 들어가서, 다시 90도로 틀어, 8m 정도 들어가면 반듯한 정사각형의 터에 자리 잡고 있다. 이 나무 주변에는 유난히 하얀 소원지가 많이 피어 있다. 이 하얀 꽃이 핀 당산목 앞에서 무형문화재 이애주 교수가 포즈를 취해줘서 더욱 영광스럽다.

하늘로 이사 간 은행나무

마을 수장 소식에
주민들 밤잠 설쳤다

임진왜란 후 훈련대장 탁순창이
낙향해 고향 당산목 보살핀
천연기념물 175호

나라님도 감읍해
거금으로 구명 나섰다

칠백 년 육중한 거구가
하늘에 메달린다

사람 살던 용계리는 사라졌지만
신목神木은 하늘에서 대를 잇는다

소재지 경북 안동시 길안면 용계리 744-1

시작 노트 안동 임하댐이 준공되어 담수를 시작하자 길안면 용계리 사람들은 용계초등학교 운동장에 있는 은행나무 구명운동에 나섰다. 조상으로부터 물려받은 당산목을 수장시킬 수 없다는 주민들의 염원이 이루어져 수직으로 15m 올려 이식하기로 결정되었다. 당시 20억을 들여 4년간의 공사를 거쳐 1,994년 준공하였다. 이식한 나무로서는 세계에서 가장 오래되고 큰 나무로, 많은 사람의 이목을 집중시켰다. 이 나무는 임진왜란 때 훈련대장이었던 탁순창이 낙향해 행정계杏亭契를 만들어 보호해 왔다.

교귀정交龜亭 노구송老龜松

주흘관 조령관 잇는 새재길
치유의 맨발길
구도의 명상길

영남 선비 과거길에
청운의 꿈 응원하고
낙방 거사 귀향길에
어깨 두드려 격려한다

부임하는 감사에게
선정을 베풀라고
이임하는 사또에게는
노고를 치하한다

주흘산 조령산 사잇길에서
경상감사 도임행차 지켜보는
교귀정*交龜亭 노구송*老龜松

* 교귀정 : 조선 시대 새로 부임하는 경상감사가 전임 감사로부터 업무와 관인을 인수, 인계받던 교인처 交印處이다. 1,470년경에 건립되어 사용되어 오다가 1,896년 의병 전쟁으로 소실되었다가 1,999년 복원하였다.
* 노구송 : 교인처인 교귀정 옆에 오래된 소나무 한 그루가 교귀정을 향해 비스듬히 서 있다. 육각형의 껍질이 마치 거북 등처럼 생겨 노구송이라 이름하였다.

교귀정과 노구송(경북매일에서 따옴)

소재지 경북 문경시 상초리 463-3

시작 노트 문경 새재길 주흘관과 조령관 중간 지점 용추폭포 부근에 교귀정이 있다. 교귀정 옆에 과거를 위해 한양을 오르내리는 영남의 선비를 맞이한 늙은 소나무 한 그루가 서 있다. 이 소나무는 임진왜란 때 조총 소리가 날 즈음에 태어나서, 외침 때부터 수도 한양을 지키는 모습도 지켜봤다. 이제 옛 기억은 역사의 뒤안길로 사라지고, 건강을 위해 치유와 명상을 하기 위해 찾아드는 탐방객을 맞이하고 있다.

황장송 黃腸松

백두대간 문경 황장산 자락
거북 등에 업힌 소나무

늦더위 기승부려도
푸르디푸른 하늘로 치솟는 기상

거북 등 껍질에 그려 넣고
괴뢰군 물리친 민병대의 용투로
총알 맞은 황장목

천주님 모시는 천주봉 天柱峰
300개 나이테 새기고
하늘나라로 뻗은 정기

황장송 등에 업고
고해苦海를 저어 가는
반야용선般若龍船 거북 한 마리

소재지 경북 문경시 동로면 적성리 556. (동로치안 센터 뒤편)

시작 노트 삼강 화백의 문경 전시회를 관람하고 '거북 등에 업힌 소나무'를 찾아 나섰다. 동로치안 센터 주차장에 내리니 가파른 절벽 중간에 서 있는 소나무가 한눈에 들어온다. 놀랍게도 소나무는 거북 등에 업혀 있다. 소나무 뿌리가 거북목과 등을 꽉 껴안고 땅속으로 뻗었으며 하늘을 향해 치솟고 있다. 거북 무늬를 새긴 수피는 예술이다. 1·4 후퇴 때 미 특공대가 민병의 지원을 받아 승리한 전투를 지켜본 소나무! 황장산에서 딴 이름 '황장목'을 '황장송黃腸松'이라 고쳐 부른다.

도덕암 모과나무

신라 눌지왕이 창건하고
고려 광종 때 혜거국사가 중건하여
칠성암 편액 걸고
모과나무 심었다

조선 철종 때 선의 대사가 중수해
도덕암道德庵이라 칭하고
도덕산道德山이라 불렀다

어정약수御井藥水는 중생의 병 고치고
번뇌의 속박을 벗은 모과나무

800년 인간의 고뇌를 벗기고 있다

181013

소재지 경북 칠곡군 동명면 한티로 260

시작 노트 고등학생 시절 도덕암과 도덕산 일원을 답사한 적이 있다. 그때도 오래된 모과나무가 모과를 주렁주렁 단 모습이 기억난다. 그 후 모과나무가 흙 담장에 썩어가는 모습이 안타까웠는데, 행정 당국이 담장을 물리고 삶의 터전을 넓혀 보호수로 지정하였다. 다시 소생한 모습을 보고, 오래된 나무에 대한 인식이 달라지는 국민의 관심에 감사드린다.

자계행목紫溪杏木

청도 서원리 자계서원 은행나무
탁영 선생 사당祠堂 지키고 있다

탁영 김일손*은 점필재*의 문하생으로
영남 사림파의 학맥을 잇는다

과거 급제해서 조정에 나가
훈구파의 불의에 맞서
사림파의 개혁에 앞장섰다

김종직의 조의제문 사초에 올려
무오사화로 능지처참 당했다

시냇물은 붉게 통곡하고
행목杏木은 하늘 주인 따라가고
여섯 형제 장성해서 대를 잇는 자계행목

* 김일손(1464~1498) : 성종 때 춘추관의 사관史官으로 있으면서, 이극돈의 비행을 직필하는 등 훈구파의 원한을 샀다. 1,498년『성종실록』을 편찬할 때. 스승 김종직이 쓴 "조의제문"을 사초史草에 실은 것이 발단이 된 무오사화가 일어나 사림파가 훈구파에 의해 제거되었다.
* 점필재 : 조선 시대의 문신인 김종직(1431~1492)의 호. 김일손의 스승으로 무오사화 때 '부관참시' 당했다.

소재지 경북 청도군 이서면 서원길 62-2.

시작 노트 자계서원의 은행나무는 3m 간격으로 두 그루가 있는데, 영귀루 쪽에 있는 것이 탁영 선생이 손수 심은 것으로 전해지고 있다. 원래 나무는 죽고, 맹아가 자라서 여섯 개의 줄기가 자라고 있다. 11월 초순이면 노란색으로 물들어 선생의 고귀한 나라 사랑하는 정신을 일깨워 준다. 두 그루 모두 암나무로 은행 열매가 풍성하게 열린다.

고목의 감이 더 붉다

길 찾는 나그네에게
추억을 찾아 준 세월

청도반시 뿌리치고
하양 물볕에 시집와 사랑받는다

아침마다 물볕에 익어가는 홍시
땡감고목 풍년 든다

적선하는 마음
가을 하늘 은총 내린
고목의 감이 더 붉다

231106

소재지 경북 경산시 하양읍 물벌 다방.

시작 노트 경산시 하양에 있는 다방물벌에 '카톨릭대학 평생교육원 별관 물벌아카데미'가 있다. 많은 사람이 오가는 정원에는 오랜 땡감나무가 있다. 해마다 빛고운 가을 하늘에 달린 땡감을 선물로 받는다.

제3부

경상남도편

3-1. 진혼목 鎭魂木

3-2. 충무공 쉬어간 왕후박나무

3-3. 환생수 還生樹

3-4. 탑돌이 하는 전승목

3-5. 천곡리 이팝나무

3-6 입향조 왕버들

3-7. 백곡재 매향

3-8. 영동리 회화나무

3-9. 창원 북부리 팽나무

진혼목鎭魂木

천령天靈 땅 함양
학사루 느티나무
으뜸 자리 천연기념물 407호

신라의 신선 최치원
학사루 올라 시를 남기고
조선의 성현 김종직
느티 심어 목아*木兒의 혼 달랬다

상림上林은 물길 돌려
백성을 살찌우고
느티는 진혼목 되어
세상의 안녕을 살폈다

육두품 한恨 품은 신선은
가야산으로 숨어들고
시판詩板 불태운 성현은
무오사화로 부관참시剖棺斬屍 당했다

---

* 목아木兒 : 점필재(김종직, 1431~1492) 41세 때 얻은 늦둥이였으나 함양 현감 시절 홍역으로 5살 된 아들을 잃게 되었으며, 현감직을 떠나면서 목아의 원혼을 달래기 위해 심은 나무가 학사루 느티나무이다.

신선도 성현도 가고 없는데
누각樓閣과 당산목堂山木은
선인先人의 뜻을 펼치네

소재지 경남 함양군 함양읍 고운로 43(함양초등학교)

시작 노트 조선조 초기 문신 김종직은 성종 원년 노모를 모시기 위해서 임금에게 청하여 함양군수가 된다. 부임 5년간(1471~1475) 새로이 차밭을 만들어 조세의 부담을 덜어 주는 등 백성을 돌보는데 정성을 쏟았다. 어느 날 최치원이 태수 시절 즐겨 오르던 학사루에 올라 유자광의 시판을 보고 불태운 일이 후일 무오사화의 원인이 되어 부관참시를 당하는 단초가 되었다. 임기가 끝날 무렵 마흔이 넘어 얻은 5살짜리 아들을 홍역으로 잃어버린다. 어린 자식을 잃은 다음 해 함양을 떠나면서 일찍 하늘나라로 보내버린 아들 목아木兒를 위해 학사루 앞에 느티나무 한 그루를 심어 그의 혼을 달랬다. 이 느티나무가 판근板根을 발달시켜 스스로 바람을 극복하는 힘을 기르는 것은 일찍 병마에 쓰러진 목아의 원혼이 천년을 살아갈 면역력을 키운 것이리라.

충무공 쉬어간 왕후박나무

고기 배에서 나온 씨앗
당산나무 되어 풍어 풍년 빌더니

태풍에 큰 둥치 내주고
뿌리에서 살아난 열한 줄기

창선도 연태산 아래 당항리 들판
녹색 일산日傘 천연기념물 299호

노량해전 승리한 충무공
회군길에 쉼터 내주고

일천 개 나이테 갑절 쌓아
수호목 되었다

껍질로 위장병 고쳐주고
팔만대장경판 불심으로 공양한다

2024 『이 시인을 주목하다』 (신아출판사)

소재지 경남 남해군 창선면 대벽리 669-1

시작 노트 옛날 이 마을 어부가 잡은 물고기의 배 속에서 나온 씨앗을 심어 키운 왕후 박나무는 이순신 장군이 노량해전에서 승리하고, 이 나무 밑에서 군사들과 함께 쉬었다고 해서 '이순신 나무' 라고 한다. 이 나무는 원줄기는 죽고 11개로 갈라진 굵은 줄기가, 일산을 드리운 듯 아름다운 수관을 형성하고 있다. 거친 태풍에 가지를 내어 주고도 곧 회복하여 수형을 바로잡는 끈질긴 생명력을 가진 나무이다.

환생수還生樹

여름이면
그늘로 보시하는 나무 있다

조선 성리학자 점필재
무오사화로 부관참시 당할 때
부인 윤씨는 노비되고
어린 숭년崇年은 역산마을 외가에 갔다

중정반정으로 신원된 모자母子
역산에서 대를 이은
숭년의 아들 김유가 심은 신비의 힘

병자년1936 물난리에
주막집 사람을 살린 끈질긴 생명력

돌에 묻혀
잎과 가지가 시들어
팔려 가는 느티나무

여든 살 노인의 일갈에
합천 구정리의 시원한 그늘로 서 있다

2023. 9 월간 『시see』 .2024 『이 시인을 주목하다』 (신아 출판사)

221113

소재지 경남 합천군 야로면 구정리 역산마을.

시작 노트 점필재가 무오사화로 부관참시 당하고 부인 문씨는 전라도 운봉현에서 귀양살이를 하였고, 아들 김숭년은 13세의 어린 나이라 화를 면하여 외가인 합천 야로(역산마을)에 안치되었다. 중종반정으로 점필재는 신원이 되고 부인도 풀려나서 친정인 역산마을에서 아들과 함께 살게 되었다. 김숭년金崇年이 성년이 되어 세 아들을 두었는데, 셋째인 김유金紐(1527~)가 이 나무를 심었다고 전해져 오고 있다. 병자년(1936) 수해 때 가야천 제방이 붕괴 되자, 이 나무 밑에 있던 주막이 침수되어 이 집에 살던 가족이 나무에 올라가 화를 면하게 되었다고 한다. 이 수해로 논밭을 덮친 돌을 이 나무 주변에 쌓았더니 나무가 시들어가자, 마을 이장이 나무를 팔기로 하고 계약금까지 받고 동네 노인에게 알렸더니 노인은 "나무가 죽어도 그대로 두라"고 호통을 쳐 계약을 파기하고 나니, 그 후 나무는 다시 살아났다고 한다.

탑돌이 하는 전승목

산신山神 해신海神 목신木神 모시는
삼신락정三神樂亭 푸조나무

제1차 당항해전에 참전해
충무공 지휘선 지킨 전승목戰勝木

삼락리 장자長者 이동수 호적에 올리고
전답 403평 상속받아
김목신金木神으로 태어났다

산과 바다 잇는
신령스러운 당산나무
정월 보름에 제상祭床 받는다

느티나무 양자 삼고
탑돌이 하는 500년 세월
천년의 꿈을 꾸는 삼신목三神木

네이버에서 인용

네이버에서 인용

소재지 경남 고성군 마암면 삼락리 108-2.

시작 노트 1,592년 임진왜란 때 이순신 장군이 당항포 해전을 치르면서 육지로 도망가는 왜군을 소탕하기 위해 조선 수군의 배를 이 나무에 메었다고 하여 전승목이라 불린다. 또한 우리나라에서 세금 내는 나무가 세 그루 있는데, 그중 한 그루이다. 예천 천향리의 석송령(소나무, 천연기념물 294호), 예천 금남리 황목근(팽나무, 천연기념물 400호)와 고성 삼락리 평부마을의 김목신(푸조나무, 보호수)이다.

천곡리 이팝나무

질병 액운 쫓고
풍년 기원하는
천연기념물 307호

5월 초 천곡리 하얀 꽃 피워
출향민을 위해
잔치상 올린다

보릿고개 넘기고
액운 쫓아내
건강 장수 기원한다
주과포 흠향하며
대풍년 비는 오백 년 노익장

160430

소재지 경남 김해시 주천면 천곡리 885

시작 노트 이 나무를 처음 찾은 날은 2008년 5월 8일이었다. 잎이 보이지 않게 순백의 꽃으로 뒤덮인 장관은 가슴 벅차게 감동적이었다. 대개의 꽃나무는 작은 관목이 대부분인데 수고 18m가 넘는 큰 키에 뿌리목 지름이 7m나 되는 웅장한 모습에 하얀 꽃으로 장식을 했으니 놀라웠다.

이날 마을 주민과 유지 그리고 객지에 나간 주민들까지 모여 동재를 지내는 날이라 일행과 함께 참여하는 영광을 누렸다. 처음 찾았을 때는 3층의 마을 회관과 농협창고가 너무 가까워서 가지가 뻗어 나갈 공간이 없었으나, 2016년 4월 30일 세 번째 방문하니 마을 회관과 창고를 철거하고 나무 주변을 정리하여 천연기념물에 적합한 최상의 환경을 만들어 나라의 품격이 높아진 것에 어깨가 우쭐해진다.

입향조 왕버들

합천 북동마을 터줏대감
순흥안씨 입향조가 심은
700살 왕버들

낙동강 범람이 앗아 간 들녘
제방 쌓아
마늘 양파로 부농 되었다

싸리 회초리로 키운 인재
나라 동량 되었다

왕버들 심어 후진 가르친
오류선생*五柳先生이 보면
귀감으로 삼으라 하겠네

---

* 오류선생 : 도연명(365~427)은 중국 남북조 시대 사람으로 팽택 현령을 80일 지낸 후 "내 오두미(五斗米)의 녹봉 때문에 허리 굽히고 향리의 소인에게 절을 해야 하느냐" 하면서 사직하고 고향에 돌아와서, 다섯 그루의 버드나무를 심고 오류선생(五柳先生)이라 자칭하면서 후진을 양성하고 학문에 정진한 시인.

소재지 경남 합천군 덕곡면 포두리 583-1.

시작 노트 순흥안씨 안재만이 700년 전 소악산 자락 낙동강 변에 터를 잡고 마을로 들어오는 길 옆에 왕버들 한 그루 정자목으로 심었다. 뿌리 목둘레 9m, 가슴높이 둘레 8.2m, 나무높이 10.2m의 거목으로 자랐다. 후손들은 낙동강이 범람하여 벼농사가 흉년이 들어 가난을 벗어나지 못하면서도 자녀 교육에 심혈을 기울여 나라의 동량을 많이 배출하였다. 지금은 제방을 쌓아 홍수를 막아 양파와 마늘을 심어 부농의 꿈을 이루었다.

백곡재 매향

청아한 매향 변함없어
옛것이 오늘을 새롭게 하는구나

금시당 은행나무 외로울까 봐
옆에 심은 지 200년

밀양강 물안개 재촉하고
산너울 날갯짓
봄기운 퍼 나른다

봄비에 놀란
백곡재栢谷齋 매실
꽃눈 틔운다

소재지 경남 밀양시 활성로 21-183. (금시당 내)

시작 노트 금시당은 이광진이 낙향하여 1,566년에 준공한 별서였으나 임진란으로 소실되었다. 선생의 5세손 백곡 이지운이 종중의 뜻을 모아 150여 년 만에 복원하였다. 백곡의 6세 손인 이용구가 금시당을 복원한 할아버지를 기념하기 위해 1860년 금시당 옆에 백곡재를 짓고 매화 한 그루를 심었으니, 봄에는 매화 향기가, 가을에는 금시당을 짓고, 심은 은행나무의 단풍이 사람을 불러들이고 있다.

영동리 회화나무

위쪽부터 꽃피면 풍년 들고
아래부터 꽃피면 흉년 드는 기상목氣象木

광주안씨 입향조 안여거*安汝居가
1,482년에 심은
천연기념물 319호

봄이면
쟁기 지고 오가는 농부에게
농사 정보 들려주고
막걸리 한 잔 놓고
풍년 즐기는 동구 밖 괴정槐亭

쉬나무 열매로 등불 켜고 글 읽어
삼정승 된 회화나무

여름 한 철
농사에 지친 백성에게
그늘 만들어 위로하고

위장 아픈 사람 수액으로
치료해 주는
그 사랑 높디높다

* 안여거 : 광주안씨 중랑공파의 17세 손으로 선생의 사위가 신재(愼齋) 주세붕(周世鵬, 1495~1554)이다. 성균관 교관을 지낸 선생이 1,482년(고려 성종 13) 함안 영동리에 정착하면서 회화나무 한 그루를 심었다.

소재지 경남 함안군 칠북면 영동리 749-1.

시작 노트 한 달간의 지루한 장마가 지나간 월요일 박재곤 후배와 여름에 꽃을 피우는 함안 영동리 회화나무를 찾아 나섰다. 마을 입구에서 수문장처럼 우람한 자세로 우리를 반가이 맞아주는 나무. 주변은 잔디를 심어 잘 정리되어 있었다. 마침 안원환 이장을 만나서 나무 주변에 주차한 자동차도 옮겨 주고, 나무에 대한 설명도 상세하게 해 주어서 나무에 대한 주민들의 각별한 사랑을 느낄 수 있었다.

창원 북부리 팽나무

마을 뒷산에서 묵묵히
풍년과 안녕을 비는
신목神木

새들 아이들에게
열매를 주고
장난감 팽소리에 놀라
팽나무라 불린다

검게 익으면 검은팽나무
노랗게 익으면 노란팽나무

천연기념물
북부리 팽나무

몰려드는 발걸음에
숨쉬기 어렵다

옛날이 그립다
조잘조잘 살가운 새소리
도란도란 정다운 이야기

2024. 2. 월간 『시see』 121호

221204

소재지 경남 창원시 의창구 대산면 북부리 102-1. 천연기념물.

시작 노트 2022년 드라마 '이상한 변호사 우영우'에 '소덕도 팽나무'로 출연하여 국민에게 알려지면서 화제가 된 나무이다. 북부리에는 동부마을의 할머니 팽나무와 서부마을의 할아버지 느티나무가 있어서 마을을 지키는 수호신으로 동민의 보호를 받고 있다. 팽나무는 천연기념물로 지정되었다.

제4부

전라남·북도 제주도 편

4-1. 장육화

4-2. 천자암 쌍향수雙香樹

4-3. 시조목 산수유

4-4. 느티나무

4-5. 의암송義岩松

4-6. 의병장 왕버들

4-7. 형의 넋 기리는 느티나무

4-8. 장군 나무 진기리 느티

4-9. 은수사 청실배나무

4-10. 세한도 모델 곰솔

장육화

의상 조사 화엄경 벽에 새긴
장육황금입불丈六黃金立佛 모신 장육전
임진왜란 불탄 전각
계파 스님 발원 복원한다

꿈속
문수보살에게 점지받은 공양주
화주승 되어 시주길 떠난다
처음 만난 거지 노파
시주 청하자 놀라 깨달으니
육신 공양으로
대불사 기원했다

세월이 흘러
어린 공주로 환생하여
스님을 알아보고 소매를 잡는다
펴는 손바닥에는
장육전丈六殿 세 글자 뚜렸하다

이를 본 숙종이 감복하여
장육전 복원을 명했다

복원 기념수 장육화丈六花
어필 화엄사 각황전覺皇殿 국보 67호

육신공양 홍매紅梅
3월 개화가 붉디붉다

소재지 전남 구례군 마산면 황전리 화엄사 경내

시작 노트 화엄사 각황전 준공 기념식수인 장육화는 붉은 매실나무다. 그 꽃이 붉디붉어 흑매라고도 부른다. 꽃피는 시기에 봄비라도 내리면 두 개의 줄기에 청태가 살아나 붉은 꽃과 어울려 보는 이로 하여금 탄성이 절로 나오게 한다. 이 마력이 전국의 사진가를 끌어들이고 있는 이유다. 임진왜란으로 소실된 장육전을 복원하는 불사에 지리산의 주인 문수보살과 화주승, 육신 공양의 큰 원을 앞세워, 공주로 환생한 노파의 불심 이야기를 담아내려 했다.

천자암 쌍향수雙香樹

나한전 아라한*에게 깨달음 주고
산신각 산신령에게 하늘의 향기 전한다

천자암 짓고
왕자 담당*湛堂을 제자로 받은 지눌*知訥
불법 구하러 중국 유학길 떠난 사제

깨달음 얻어
귀국 길에 짚고 온 지팡이 나란히 꽂아
뿌리 내린 나무
천연기념물 88호 되었다

조계산曹溪山에서
합장하는 두 그루

800살 목신木神에게
기도하는 중생衆生
극락왕생極樂往生 한다

* 아라한 : 본래 부처를 이르는 명칭이었는데, 후에 불제자들이 도달하는 최고의 계위階位로 바뀌었다.
* 담당 : 13세기 말경 송광사 제9대 국사이다. 왕자의 몸으로 지눌 보조국사의 제자가 되어 스승과 함께 중국에 유학하고 돌아오면서 짚은 지팡이를 천자암 뒤 뜰에 나란히 꽂은 것이 뿌리 내려 자랐다고 전해오고 있다.
* 지눌(1158~1210) : 불교의 교종과 선종의 분쟁을 "부처님 말씀이 교敎가 되고, 조사께서 마음으로 전한 것이 선禪이 되었으니, 이는 결코 둘이 아닌 하나다"라고 하여 조계종의 교조가 된 보조국사이다.

060803

소재지 전남 순천시 송광면 천자암길 105 (이읍리 1번지)

시작 노트 송광사에 속하는 천자암은 고려 지눌 보조국사가 창건하였으며, 송광사에서 승용차로 30분 정도 거리에 있다. 나한전과 산신각 사이에 기이한 향나무 두 그루가 하늘을 향해 합장하는 모습에는 사제간의 절제된 정다움을 느끼게 한다.

산수유 시조목

인간 장수長壽 자랑마라
1,000살 노익장 과시한다

산동성 처녀
가져온 예물禮物
피고 진 천년

달전마실* 신랑 맞아
자손 퍼트렸다

지리산 아지랑이 필 때
노랗게 물든 시조목始祖木

산동山東이라 이름짓고
타향살이 위로하며
당산재 보호수로 예우한다

충무공 즐겨 마시던
산수유차 한 잔에
백의종군*나라 사랑
올곧은 길 배운다

2023 『은점시학당』 3호, 2024 『이 시인을 주목하다』 (신아출판사)

* 달전마실 : 전남 구례군 산동면 원달리 1286.
* 백의종군 : 이순신 장군이 백의종군할 때 산수유 시조목 앞을 지났다고 전해져 성길을 만들어 기념하고 있다.

소재지 전남 구례군 산동면 계천리 199-1

시작 노트 전국의 산수유 60%를 생산하는 구례에는 약 1,000년 전에 중국 산동의 처녀가 전남 구례로 시집올 때 가지고 온 산수유를 심었다고 전해지고 있다. 이 나무를 우리나라 산수유의 시조목이라고 한다. 산동면의 지명도 처녀의 고향에서 유래하고 있다. 이순신 장군이 백의 종군할 때 이 시조목 앞으로 지나갔다고 전해지고 있다.

느티나무

전란 피해 새 보금자리
자손 번영 염원한다

의상 대사
팔공산에 운부암 짓고
지팡이 꽂아
화엄 무량 펼치고

마을 앞에 큰 그늘로
부처님 자비 폈다

이성계 장군이
담양 한재벌에서 왜구 물리칠 때
국태민안國泰民安 빌며

나무다운 나무
느티라 얻은 이름

소재지 전남 담양군 대전면 대치리 787-1. 천연기념물 284호

시작 노트 이 느티나무는 조선왕조의 이태조가 젊을 때 이 한재 마을을 찾아 기념으로 손수 심었다는 전설이 내려오는 나무다. 내가 좋아하는 나무를 꼽으라면 느티나무라고 서슴없이 말한다. 느티나무 중에도 남원 진기리 느티나무(천연기념물 281호)가 가장 아름다운 나무라고 생각해 왔는데, 이 느티나무를 만나고서는 우열을 가리기가 어려워졌다. 진기리 느티나무가 단아하고 여성적이라면 대치리 느티나무는 웅장하고 남성적이란 생각이 든다.

의암송 義岩松

장수군청 정원에는
민족의 기상 소나무 서있다

편모슬하 주논개 朱論介
숙부에게 기숙하다가
벼 50석에 팔려 간다는 소리에
외가로 도망쳤다

이에 현감 최경회가
죄를 물어 사하고
후처로 맞이했다

임란 때 진주성 함락되니
비관한 현감은 남강에 투신하고
촉석루 주연에서
왜장을 안고 살신성인한 논개

열아홉 꿈꾸는 꽃
의암송

소재지 전북 장수군 장수읍 장수리 176-7

시작 노트 논개는 신안 주씨로 전북 장수군 임내면 주촌마을에서 태어난 양반가의 딸이었다. 아버지의 사망으로 모녀가 숙부에게 의탁했으나, 벼 50석에 민며느리로 팔려 갔다. 모녀가 외가로 도망간 죄를 현감 최경회의 명판결로 무죄 석방되었으나, 오갈 데 없어 현감이 보살펴 주어서, 논개가 성장한 후 후처로 맞아들였다고 한다. 임진란이 일어나자, 최경회는 의병을 이끌고 진주성을 지원하여 승리를 거두었다. 1,593년 경상우병사로 임명되어 싸웠으나 9일 만에 진주성이 함락되자, 남강에 투신하였다. 왜장들이 승리를 자축하는 촉석루 주연에 기생으로 위장한 논개가 술에 취한 왜장을 유인하여, 남강에 함께 빠져 죽어 남편의 원수를 갚았다.

장수군청 정원에 있는 소나무는 최경회가 현감 재직 시 심었다고 전해지는데, 사람들은 논개의 의로움에 보답하는 마음으로 '의암송'이라 부르고 있다. 나라에서 천연기념물 제397호로 지정하여 보호하고 있다.

의병장 왕버들

김덕령 의병장 탄생 기려 심은
다섯 그루 왕버들
세 그루 남아 천연기념물 539호 되었다

왜군에 한양성 내주고
왕이 의주로 떠났을 때

상중인 김덕령
의병 일으켜
우국충정 승전고 울렸다

역적의 난으로
반란군 누명 쓰고
29세로 춘산곡* 남기고 옥사하고

형의 억울한 소식에
동생은 무등산으로 숨고
부인은 반야용선 피안 갔다

* 춘산곡 : 김덕령 의병장이 역적 이몽학과 내통했다는 무고로 20일 간의 고문으로 옥사하기 전에 지은 시 "춘산에 불이 나니 못다 핀 꽃 다 붙는다 / 저 뫼 저 불은 끌 물이나 있거니와 / 이 몸에 내 없는 불이 나니 끌 물 없어 하노라

그 후
정조는 충장공 시호 내리고
정려비 새겨 충효리 이름 내리니

의에 살고 이 땅을 지킨 왕버들
천 년 동안 북향재배한다.

160420

소재지 광주광역시 북구 충효동 911-0

시작 노트 충효동에는 一松 一梅五柳(소나무 한 그루, 매화 한 포기, 왕버들 다섯 그루)가 있었다고 전해지고 있으나, 지금은 왕버들 세 그루만이 김덕룡 삼 형제가 나라 사랑하는 충성심을 세월에 담아 새긴 채 늠름하게 자라고 있다.

형의 넋 담은 느티나무

정월 대보름에
당산제 지내는 신목

늠름한 기상과 미려한 수형으로
으뜸나무 된 천연기념물 478호

임란 때 순절한 김충로*의 충절
느티나무가 되어 나라를 지킨다

해동 절의공 김충남이
단전리에 터 잡아
형의 넋 담아 심은 장군나무

* 김충로 : 임진란 때 이순신 장군의 휘하에서 무공을 세우고 전사한 장군.

소재지 전남 장성군 북하면 단전리 291

시작 노트 도강김씨 해동 절의공 김충남이 단전리에 터를 잡고 임란 때 순절한 형 김충로의 넋을 기리고자 동구에 느티나무 한 그루를 심었다. 영험한 기운을 가진 신목으로 여겨 정월 대보름에 당산제를 지내고 있다. 그때까지 굵기로 으뜸이던 영주 단촌리 느티나무(10.3m)가 20cm 부족으로 이 느티나무(10.5m)에게 1위의 자리를 내주었다.

장군 나무 진기리 느티

남원 진기리 느티나무
우공禹貢 사당 모시는
천연기념물 281호

단양우씨 우공이
청운의 꿈 꾸고
심은 나무

세조 즉위 도운 공으로
적개공신 3등 벼슬에
경상좌도수군절도사

튼튼한 뿌리와
건장한 줄기는
우공 장군의 기상

600년의 역경 딛고
나라 지킨 넋
또 천년을 기약한다

소재지 전북 남원시 보절면 진기리 495

시작 노트 이 나무를 처음 찾은 것은 2010년 3월 23일 느티나무 잎이 돋기 시작하는 이른 봄날이었다. 오랜 세월에도 상처 하나 없이 자란 줄기에 돋아난 돌기가 예사롭지 않았다. 자연스럽게 노출된 뿌리의 장엄한 모습도 가슴설레게 한다. 힘이 장사였다는 우공이 벼슬길에 오르기 위해 마을을 떠나면서 심었다는 이 나무는 후손들의 지극한 보살핌 덕분에, 지금도 우람한 줄기와 아름다운 수형을 간직하고 있다.

은수사 청실배나무

소백 노령산맥 갈라지는 곳에
금강 섬진강 분수령 마이산

춘향과 이도령 혼례상에 올린
청슬이靑實梨라 불린 청실배나무

이성계가 은수사 샘물 먹고
왕조의 꿈 기원하며 심었다

두 왕조 갈라놓은 역사의 분수령
태조 후손 이갑룡이
108 돌탑 쌓아 불국토 염원한다

소재지 전북 진안군 마령면 마이산남로 406

시작 노트 청실배나무는 돌배나무의 변종으로 그 맛이 좋아 귀한 대접을 받았다. 마이산은 소백산맥과 노령산맥이 갈라지는 곳에 있으며 빗방울이 북쪽면으로 떨어지면 금강으로 남면으로 떨어지면 섬진강으로 흘러가는 분수령이다. 이성계가 이곳에 심은 청실배나무(천연기념물 386호)는 두 왕조를 갈라놓은 역사의 분수령이 되었다.

새한도 모델 곰솔

대정향교 낮은 동정문東正門 지나면
겸손해진다

세종 때 현성縣城에 세운 향교
효종 때 단산簞山으로 옮겨
세 그루 곰솔 다섯 그루 팽나무 심어
삼강오륜三綱五倫 본보기 삼았다

땅속 깊이 판근*板根 내린 팽나무가
근본根本 있는 사람을 가르치고
늘 푸른 곰솔이
사제간의 지조를 지키라고 한다

추사가
의문당疑問堂 편액 걸고
세한도 그리니
옛 선비의 하심下心을 배운다

---

*판근 : 나무의 곁뿌리가 평판平板 모양으로 되어 땅 위에 노출된 것을 말한다. 나무가 넘어지는 것을 방지하는 버팀목 효과가 있다.

210123. 세한도의 모델 된 대정향교 곰솔

소재지 제주특별자치도 서귀포시 안덕면 향교로 165-17

시작 노트 대정향교를 현재의 자리 단산으로 옮기면서 곰솔 세 그루와 팽나무 다섯 그루를 심어 삼강오륜의 표상으로 삼았다고 한다. 완당 김정희가 유배지 인근에 있는 대정향교에서 의문당 편액을 걸고 후진을 가르쳐 제주도의 문풍을 드높였다고 한다. 그뿐만 아니라 향교의 곰솔에서 걸작 세한도의 모티브를 얻었다고 하니 대정향교는 불멸의 명작 산실이다.

제5부

충청남·북도편

5-1. 모과울 모과나무

5-2. 육바라밀 은행나무

5-3. 사랑나무

5-4. 충신 압각수

5-5. 미선나무

모과울 모과나무

낙향한 선비 박훈*朴薰
가르침의 씨 뿌린 지 오백 년

중국에서 시집온
참외 닮은 이름

모과나무가 있어 모과울木瓜洞
모과울 박씨 본향

얼룩무늬 예술품
노란 향기가 사람을 살린다

모과공원木瓜公園 주인 되어
오송생명과학단지 지키는
천연기념물 제522호

모과울 향기가
청주의 으뜸이네

2024.2 월간 『시see』 121호, 2024. 『이 시인을 주목한다』 (신아출판사)

*박훈(1484~1540) : 기묘사화 때 조광조 등과 함께 화를 입어 성주 등지에 유배되었다가 16년 뒤인 1,553년에 유배 생활에서 풀려나 청주에 은거하였다.

211029. 천연기념물 제522호

소재지 충북 청주시 흥덕구 오송읍 연제리 647

시작 노트 승정원 동부승지 박훈朴熏이 기묘사화 때 유배되었다가 해배 되어 모과울에 은둔하여 학문에 정진하면서 후진 양성에 힘썼다. 세조로부터 무동처사의 어서를 받은 모과나무가 있는 마을을 모과울木瓜洞이라 하고, 공의 후손은 '모가울 박씨 세거지'라 하고 '모과울 박씨'라 하였다. 1997년 이 일대가 오송생명과학단지를 조성하게 되어 모과울 박씨 종인들은 모과나무를 살리기 위해 노력한 결과 10억을 들여 2,210평의 모과공원을 조성하고 천연기념물 제522호로 지정하게 되었다.

육바라밀 은행나무

보석사 창건한 여섯 스님
육바라밀로 심은 나무

일천 백 개 나이테에 묻은
천연기념물 365호

임란 화염에 불타고
명성황후가 불심佛心으로 세운 원당

영규 승병장 순절비 매장되었다가
조국 해방으로 광명 찾았다

창건주 조구 대사 초심으로
단오절 대신제大神祭 올린다
일체유심조一切唯心造

수행 덕목 육바라밀六波羅密
여섯 그루 한 그루 되어
행목보살杏木菩薩 득도한다

2024 『이 시인을 주목하다』 (신아출판사)

소재지 충남 금산군 남이면 석동리 산 5

시작 노트 보석사는 신라 헌강왕 11년(885년) 조구 대사가 진락산 동남쪽에 지은 절이다. 이 절을 창건한 조구 대사는 제자 5인과 더불어 육바라밀을 상징하는 뜻에서, 둥글게 여섯 그루를 심은 것이 합해졌다고 한다. 임진란 때 불에 탄 것을 명성왕후가 중창하여, 원당으로 삼았다고 한다. 이 은행나무의 특징은, 굵은 주간이 위로 올라가면서 엿가락처럼 오른쪽으로 꼬이는 모습이 신비롭다. 마을에 재난이 닥치면 미리 알려주는 신목으로서, 단오절에 신도들이 행목대신제杏木大神祭를 지내고 있다.

사랑나무

성흥산 가림성에는
느티뿌리 된 사랑이 있다

백제 동성왕이
위사좌평 백가*苩加 보내
웅진성熊津城 사비성泗沘城 지킬
가림성加林城 축성하게 했지만
역심 품어 왕을 살해하니
무령왕이 그를 토벌했다

백제 부흥군 10년간 저항한
최후의 보루가 된 가림성

후백제 패잔병의 노략질에
마을 사람 굶주릴 때
유금필* 장군이 군량미 풀어 위무하니
백성이 자비심을 기려
생사당生祠堂 지어 보답했다

서동과 선화공주 사랑 나누는
사랑의 뿌리 깊고 듬직하다

* 백가 : 501년 가림성 축성 명을 받았는데 병을 핑계로 사임했으나, 허락하지 않자 원망하여 동성왕을 살해하고 가림성을 근거로 반란을 일으켰으나 무령왕이 즉위하여 평정했다.
* 유금필 : 고려 건국 공신(?~941), 평산平山 유씨庾氏와 무송茂松 유씨庾氏의 시조.

소재지 충남 부여군 성흥로 97번길 167

시작 노트 고려의 건국 공신 유금필 장군이 심었다고 전해지는 느티나무이나, 지금의 나무는 후대에 심은 2세목으로 보인다. 서동과 선화공주를 소재로 한 드라마 촬영지가 되어 젊은이들에게 사랑나무로 잘 알려진 나무이다.

충신 압각수

고려 충신 살린
청주 중앙공원 압각수*鴨脚樹

고려 충신*을
이초의 난*에 연루시켜
청주옥에 가두었다

하늘이 노하여
비를 내려 벌을 내릴 때
옥문을 나와 나무로 피신했다

그 후 공양왕이
하늘의 뜻 받들어
옥문을 열었다

900년의 희로애락 간직하고
충청북도기념물 되어
청주를 지킨다

* 압각수 : 은행나무 잎의 모양이 오리발을 닮았다 하여 압각수鴨脚樹라고도 한다.
* 고려 충신 : 이성계가 실권을 잡자 이에 반대하는 이색 권근 등 10여 명 충신.
* 이초의 난 : 고려 공양왕 2년(1,390년)에 이성계가 실권을 장악하자 윤이尹彛와 이초李初가 명에 들어가 이성계가 장차 명벌 계획을 세우고 있다고 모해 한 사건.

소재지 충청북도 청주시 상당구 남문로2가 92-6

시작 노트 청주 중앙공원에는 900년 된 은행나무 한 그루가 있다. 이 나무에는 내려오는 이야기가 있다. 고려 공양왕 2년(1,390년) 이성계가 이초의 난에 연루시켜 이색 권근 등 십여 명 중신을 충주 옥에 가두고, 문초하는 중에 뇌성이 들리면서 큰비가 와 시가지가 물에 잠기게 되었다. 물에 잠긴 옥에 갇힌 중신들은 간신히 옥사 옆에 있는 은행나무에 올라가 생명을 구했다. 공양왕은 죄 없음을 하늘이 증명하는 것이라 하여 그들을 석방하였다고 한다. 사라진 관아는 공원으로 변신하여 시민에게 돌아갔으며 은행나무는 역사의 애환을 새긴 채 말없이 하늘을 받치고 있다.

미선나무

부채 닮은 열매
한국의 특산식물

돌밭 속 메마른 줄기에서
향기가 난다

양인석 교수가 분양한 지
마흔다섯 해 되는 날

지난가을 소식 품은 열매
종鐘이 되어 봄을 피운다

240331. 천연기념물 147호

소재지 충북 괴산군 장연면 송덕리 산58

시작 노트 1980년경 대봉동에 사는 경북대학교 양인석 교수님을 찾아뵌 적이 있다. 그때 이 집에서 서울 농대 모교 유달영 교수를 비롯한 몇 분이 6·25동란 때 피난 생활한 이야기를 들려주신 후 장독대에서 키운 미선나무 한 포기를 방문 선물로 주셔서 조그마한 화분에 심어 지금까지 애지중지 키우고 있다

제6부

경기도 강원도편

6-1. 망국 한 새긴 은행나무

6-2. 나라꽃 무궁화

6-3. 우주수 은행나무

6-4. 저승길 인도한 음나무

6-5. 영월엄씨 시조목

6-6. 운교역 마방 지킨 밤나무

망국 한 새긴 은행나무

키 큰 용문사 은행나무
하늘에 닿을 듯
천연기념물 제30호

왕좌 잃은 마의태자 한 되새기고
나라의 위기 알려
당상직첩의 벼슬 받았다

고려의 불심
조선의 선비 정신
용문사 불태운 일제 침략도 새겼다

동족상잔 경제성장
민주화의 외침도

천년 사직
망국의 한 켜켜이 새긴
일천일백 개 나이테 결을 세운다

171031

소재지 경기도 양평군 용문면 용문산로 782

시작 노트 용문사 은행나무는 통일신라 마지막 왕인 경순왕의 마의태자가 나라 잃은 서러움을 안고, 금강산으로 가다가 심었다고 전해지고 있다. 나무 높이는 42m로 우리나라에서 가장 키 큰 나무이다. 조선 세종 때 당상 직첩(정3품)이란 품계를 받을 만큼 중히 여겨져 조상들의 보살핌을 받아온 나무이며, 지금은 천연기념물로 지정되어 나라의 보호를 받고 있다.

나라꽃 무궁화

백 스무 살 고령에도
여름 내내 꽃 피워
은근과 끈기 자랑하는 노익장

시집온 종부 한양조씨 조길자
무궁화로 정성 들여 꽃 피워

강릉박씨* 중시조
박수량*朴守良의 종중 재실 앞에서
나라 걱정한다

박씨 문중 나라 사랑
동해 광명 정기 받아
일편단심一片丹心 분홍꽃
홍단심紅丹心 곧게 세운다

2024 『은점시학당』 4호, 『이 시인을 주목하다』 (신아출판사)

* 강릉박씨 : 시조 박순(朴純1150~)은 박혁거세의 4세손인 파사왕婆娑王의 35세손이며, 석린의 모반을 평정한 공로로 보정정국공신에 올랐으며, 계림군鷄林君에 봉해졌다. 이후 강릉에 낙향하여 정주하였다. 종인은 2,015년 현재 15,966명이다.
* 박수량(1475~1546) : 한성부판윤을 지냈다. 주세붕과 깊이 교유했으며, 학자로 존경받았다.

180730. 천연기념물 520호

소재지 강원특별자치도 강릉시 사천면 가마골길 22-8 (방동리)

시작 노트 무궁화는 평균 수명이 40~50년이나 방동리 무궁화는 수령이 120년이나 되는 장수목으로 주목을 받고 있다. 우리나라 천연기념물 중에서 가장 어린 나이지만 무궁화 세상에서는 최고의 수령을 누리는 복노인이다. 강릉박씨의 종중 재실에서 종인들의 사랑을 받으면서, 아직도 7월 중순부터 10월 중순까지 많은 꽃을 피워 노익장을 과시하고 있다.

우주수 은행나무

원주 반계리 은행나무 뿌리
별과 속삭인다

다섯 식구 한 가족된
우람한 천연기념물 167호

성주이씨 나무 심어
떠난 지 팔백 년 지나온
흰뱀 되어 수호하는 신성목神聖木

가지는 하늘 덮고
뿌리는 땅 수繡 놓고
유주乳柱는 세상과 소통한다

자식 욕심 버리고
사람 하늘 잇는 우주수宇宙樹

2024 『이 시인을 주목하다』 (신아출판사)

191107

소재지 강원특별자치도 원주시 문막읍 반계리 1495번지

시작 노트 원주 반계리 은행나무는 한 그루인 것처럼 보이나, 다섯 그루가 한 가족을 이루고 있다. 처음부터 다섯 그루를 심었는지 원줄기가 죽고, 새로 난 맹아가 자라서 다섯 그루처럼 보이는지는 확인하기 어렵다. 전설에 의하면 성주이씨가 심었다는 이야기와 큰 스님이 이곳을 지나다가 물을 마시고, 지팡이를 꽂아 자랐다는 설이 전해지고 있다. '이 나무 안에 흰 뱀이 살고 있어서 신성한 나무로 여겨 잘 보존 되어 왔다.' 고 전하고 있다. 이 나무는 잘 발달한 뿌리가 노출되어 아름다운 모습을 보여주고 있다.

저승길 인도한 음나무

망국의 비극 간직한 천년
쫓겨난 왕에게 준 천연기념물 363호

위화도에서 회군한 이성계
창왕 폐하고 세운 공양왕마저
옥좌 빼앗고 유배 보낸 궁촌리에는

마지막 길에 몸 내준
벽사*의 상징
음나무에 새겼다

벌에게는 단 꿀
민초에게는 새순
자비심을 베푼다

2024.8 월간 『시see』 (특별초대석)

* 벽사辟邪 : 요사스러운 귀신을 물리침.

170809

소재지 강원도 삼척시 근덕면 궁촌리 452

시작 노트 1,392년 이성계에게 폐위당하여 강원도 원주로 유배된 공양왕은 공양군으로 강등되어 간성으로 쫓겨났다. 1,394년 다시 삼척 궁촌리로 유배지가 옮겨져서 왕은 음나무가 있는 집을 택해 실낱같은 운명을 이 음나무에 기대어 보려 했다. 그러나 한 달이 지나자 음나무가 가진 벽사의 기운도 역사의 흐름에는 어쩌지 못해 왕은 음나무에 목을 매달리고 말았다. 음나무에게는 천 년의 세월 중에 일어난 티끌 같은 일에 불과하다는 듯 오늘도 꽃을 피워 벌에게 단 꿀을 나누어주고, 사람들에게는 새순으로 허기를 면하게 해 준다.

영월엄씨 시조목

남한강 청령포 보이는 하송리에
돛대 마냥 심긴 나무

안녹산의 난*으로 신라에 귀화한
당 현종의 파락사*波樂使
영월엄씨 엄임의嚴林義

청령포로 유배온 단종
홍수 피해 광풍헌으로 가는 길에
은행알로 친 점괘가
세조의 사약이었다

시신을 수습해 선산에 묻고
엄흥도*는 자취를 감추었다

영월엄씨 시조가 된
하송리 은행나무는
천연기념물 76호

원줄기 잃고 천삼백 년 세월
맹아지*가 자라 한 몸 된 거목*
조선 최대의 충신 되어 하늘을 떠받든다

소재지 강원도 영월군 영월읍 하송리 190-4

시작 노트 신라 경덕왕(제35대, 재위 기간 742년~765년) 때 당 현종의 파락사로 온 엄임의 시랑이 귀국하던 중 본국에서 일어난 '안녹산의 난' 으로 돌아가지 못하고 신 시랑(辛 侍郞, 영월신씨 시조가 됨)과 함께 영월에 정착했다. 영월엄씨의 시조가 된 엄임의는 삶의 터를 잡은 동강과 서강이 합수하는 남한강이 보이는 하송리가 배 모양이라서 은행나무를 심어 돛대의 역할을 하게 했다. 청령포에 유배된 단종이 홍수를 피해 관풍헌으로 가던 중, 이 은행나무를 지나다가 은행알 몇 개를 주워 점을 쳤다. 점괘가 좋지 않아서인지 며칠 뒤 왕방연의 사약을 받아 죽임을 당해 길거리에 버려졌다. 수령 1,300년이 된 이 은행나무는 원줄기는 죽고 맹아지가 한 몸이 되어 새로운 줄기를 만들어 우리나라에서 가장 굵은 나무로 자라고 있다.

* 안녹산의 난 : 서기 755년~763년에 이르기까지 약 9년 동안 중국 당나라를 뒤흔든 반란.
* 파락사 : 새로운 악장을 만들어 이를 여러 나라에 전파하기 위해 보낸 대사.
* 엄흥도 : 영월엄씨 시조 엄임의의 12대 손으로 당시 영월 호장이었음.
* 맹아지 : 번식을 위해 뿌리에서 나와 싹이 트는 가지
* 거목 : 수령 1,300년 수고 29m, 가슴높이 둘레 14.8m로 우리나라에서 가장 굵은 나무.

운교역 마방 지킨 밤나무

밤나무 혹벌에
홀로 남아서
천연기념물 되었다

관동대로 길목
운교역 마방터
그늘 보시 600년

껍질은 근본이요
죽은 몸이 사당 위패 모신다

제사상에 올라
사람들에게 자비 배푼다

소재지 강원특별자치도 평창군 방림면 운교리 36-2

시작 노트 1958년 무렵 외국에서 들어온 밤나무혹벌이 번져 재래종 밤나무가 멸종의 위기에 처했다. 이때 밤나무로써 유일하게 천연기념물로 지정된 주문진 교향리 밤나무가 피해를 입어 죽어버리자, 밤나무혹벌의 위기를 극복한 운교리 밤나무가 천연기념물 498호로 지정되었다.
이 밤나무는 서울과 강릉을 연결하는 관동대로 운교역 마방터를 600여 년 지켜온 나무로 전해지고 있다.

번역시 (한국어)

만년송

정시식

팔공산 장군봉 정기
화랑 길러내고
부처님 동량 키운다

큰 바위 토막 낸 김유신
삼국통일 이룬 만년송萬年松

세상사 내려놓고
바위문 지나서 만년석 틈새

장군샘으로
남북통일 지혜 키우는
소나무 푸르다

Everlasting pine tree

Sisik Chung

Mountain Palgong JanggunPeak engery
Raising Hwarang fighter
Raise the Buddha's equal amount

Kim Yu-shin, who cut a large rock into pieces
Everlasting pine tree for Unifying the Three Kingdoms

Put down of the world
Past the rock gate, there is a gap in the everlasting stone.

To General fountain
Raising wisdom for North-South unification
Pine tree is green

ต้นสนนิรันดร์

Sisik Chung

ภูเขา Palgong JanggunPeak engery
การเลี้ยงดูนักสู้ฮวารัง
ยกจำนวนพระพุทธเจ้าให้เท่ากัน

คิม ยูชิน ผู้ตัดหินก้อนใหญ่เป็นชิ้นๆ
ต้นสนนิรันดร์สำหรับการรวมสามก๊ก

ละทิ้งโลก
เมื่อผ่านประตูหินไปแล้ว ก็จะมีช่องว่างในหินนิรันดร์

ถึงน้ำพุทั่วไป
สืบสานภูมิปัญญารวมเหนือ-ใต้
ต้นสนเป็นสีเขียว

Вечная сосна

Sisik Chung

Гора Палгонг ДжанггунПик энергии
Воспитание бойца Хваранг
Поднимите равную сумму Будды

Ким Ю Син, разрезавший большой камень на куски.
Вечная сосна для объединения трех королевств

Положите мир
За каменными воротами в вечном камне есть брешь.

К Генеральному фонтану
Повышение мудрости для объединения Севера и Юга
Сосна зеленая

번역시 (불어)

Pin éternel

Sisik Chung

Montagne Palgong JanggunPic énergie
Élever le combattant Hwarang
Augmentez le montant égal du Bouddha

Kim Yu-shin, qui a coupé un gros rocher en morceaux
Pin éternel pour unifier les Trois Royaumes

Abattre le monde
Au-delà de la porte du rocher, il y a une brèche dans la pierre éternelle.

Vers la fontaine générale
Faire grandir la sagesse pour l'unification Nord-Sud
Le pin est vert

번역시 (한국어)

충무공 쉬어간 왕후박나무

정시식

고기 배에서 나온 씨앗
당산나무되어 풍어 풍년 빌더니

태풍에 큰 둥치 내주고
뿌리에서 살아난 열한 줄기

창선도 연태산 아래 당항리 들판
녹색 일산 천연기념물 299호

노량해전 승리한 충무공
회군길에 쉼터 내주고

천개 나이테 갑절 쌓아
수호목 되었다

껍질로 위장병 고쳐주고
팔만대장경판 불심으로 공양한다

The queen gourd tree that rested in Chungmugong

Sisik Chung

Seeds from meat belly
I prayed for a good harvest as a Dangsan tree.
Giving a big trunk to the typhoon
Eleven stems that survived from the roots
Danghang-ri field under Yeontaesan Mountain
in Changseondo Island
Green Ilsan Natural Monument No. 299
Chungmugong won the Battle of Noryang
Provide shelter on the way back
A thousand tree rings piled up twice as much
It became a guardian tree
Curing stomach ailments with bark

I make offerings to the Tripitaka Koreana with my heart

번역시 (태국어)

ต้นมะระที่อาศัยในชุงมูกอง

Sisik Chung

เมล็ดจากเนื้อท้อง
ฉันอธิษฐานขอให้เก็บเกี่ยวผลผลิตได้ดีเหมือนต้นดังซาน
มอบลำใหญ่ให้กับพายุไต้ฝุ่น
ลำต้นสิบเอ็ดต้นที่รอดมาจากราก
ทุ่ง Danghang-ri ใต้ภูเขา Yeontaesan ในเกาะ Changseondo
อนุสาวรีย์ธรรมชาติกรีนอิลซาน หมายเลข 299
ชุงมูกองชนะยุทธการนอร์ยาง
ให้ที่พักพิงระหว่างทางกลับ
วงแหวนต้นไม้พันวงซ้อนกันเป็นสองเท่า
มันกลายเป็นต้นไม้ผู้พิทักษ์
แก้โรคกระเพาะด้วยเปลือก

ฉันถวายพระไตรปิฎกเกาหลีด้วยใจ

Королева тыквенного дерева, покоившаяся в Чунгмугонге

Sisik Chung

Семена из мясной грудинки
Я молился о хорошем урожае как дерево Дангсан.
Отдать большой багажник тайфуну
Одиннадцать стеблей, уцелевших от корней
Поле Данханри под горой Ёнтэсан на острове Чхансондо
Природный памятник Зеленый Ильсан № 299
Чунгмугонг выиграл битву при Норьянге.
Обеспечить приют на обратном пути
Тысяча годичных колец скопилась в два раза больше
Оно стало деревом-хранителем
Лечение заболеваний желудка корой

Я делаю подношения Трипитаке Кореене от всего сердца.

번역시 (불어)

L'arbre à courge reine qui reposait à Chungmugong

Sisik Chung

Graines de poitrine de viande
J'ai prié pour une bonne récolte d'arbre Dangsan.
Donner une grosse malle au typhon
Onze tiges qui ont survécu des racines
Champ de Danghang-ri sous la montagne Yeontaesan sur l'île de Changseondo
Monument naturel d'Ilsan vert n°299
Chungmugong a remporté la bataille de Noryang
Fournir un abri sur le chemin du retour
Un millier de cernes d'arbres empilés deux fois plus
C'est devenu un arbre gardien
Guérir les maux d'estomac avec l'écorce

Je fais des offrandes au Tripitaka Koreana avec mon cœur.

번역시 (한국어)

의암송 義岩松

정시식

장수군청 정원에는
민족의 기상 소나무 서 있다

편모슬하 주논개 朱論介
숙부에게 기숙하다가
벼 50석에 팔려간단 소리에
외가로 도망갔다.

이에 현감 최경회가
죄를 물어 사하고
후처로 맞았다.

임란 때 진주성 함락되니
비관한 현감은 남강에 투신하고
촉석루 주연에서
왜장을 안고 살신성인한 논개

열아홉 꿈꾸는 꽃
의암송

Uiam pine tree

				Sisik Chung

In the garden of Jangsu County Office,
National spirit pine tree standing.

The story of Nongae Ju under the single mother,
While staying with uncle,
They say sold for 5000 liters rice,
Ran away to my mother's house.

Accordingly, Prefectural Inspector Gyeonghoe Choi,
Ask for and forgive sins,
He was taken as a second wife.

Jinju Castle fell during the Japanese invasion,
The pessimistic county governor threw himself into the Namgang river,
In the lead role of Chokseokru,
Saint nongae, fell to river with hugging Japanese general.

Nineteen dreaming flowers,
Uiam pine tree.

번역시 (태국어)

ต้นสนอุ้ย

Sisik Chung

ในสวนของสำนักงานเทศมณฑลจางซู
ต้นสนวิญญาณแห่งชาติยืนต้น

เรื่องราวของน้องแกจูภายใต้แม่เลี้ยงเดียว
ขณะอยู่กับลุง
เขาว่ากันว่าขายข้าวได้ 5,000 ลิตร
หนีไปบ้านแม่แล้ว

ดังนั้น ผู้ตรวจราชการจังหวัดคยองโฮ ชอย
ขอและอภัยบาป
เขาถูกจับมาเป็นภรรยาคนที่สอง

ปราสาทจินจูพังทลายลงระหว่างการรุกรานของญี่ปุ่น
ผู้ว่าราชการมณฑลที่มองโลกในแง่ร้ายโยนตัวเองลงไปในแม่น้ำนัมกัง
ในบทบาทนำของชกซอครู
นักบุญหนองแกล้มลงแม่น้ำกอดแม่ทัพญี่ปุ่น

ดอกไม้ในฝันสิบเก้าดอก
ต้นสนอุ้ย.

번역시 (러시아어)

Уямская сосна

Sisik Chung

В саду офиса округа Чжансу.
Стоящая сосна национального духа.

История Нонгэ Джу при матери-одиночке.
Пока гостил у дяди,
Говорят, продали за 5000 литров риса,
Убежал в дом моей матери.

Соответственно, инспектор префектуры Кёнхве Чхве:
Просите и прощайте грехи,
Его взяли во вторую жену.

Замок Чинджу пал во время японского вторжения.
Пессимистично настроенный губернатор бросился в реку Намган.
В главной роли Чоксокру.
Святой Нонгэ упал в реку, обнимая японского генерала.

Девятнадцать мечтающих цветов,
Уямская сосна.

번역시 (불어)

Pin Uiam

Sisik Chung

Dans le jardin du bureau du comté de Jangsu,
Pin esprit national debout.

L'histoire de Nongae Ju sous la mère célibataire,
Pendant que je restais chez oncle,
On dit qu'il est vendu pour 5000 litres de riz,
Elle s'est enfuie chez sa mère.

En conséquence, l'inspecteur préfectoral Gyeonghoe Choi,
Demander et pardonner les péchés,
Il a été pris comme seconde épouse.

Le château de Jinju est tombé lors de l'invasion japonaise,
Le pessimiste gouverneur du comté s'est jeté dans la rivière Namgang,
Dans le rôle principal de Chokseokru,
Saint Nongae, tombé dans la rivière avec un général japonais dans ses bras.

Dix-neuf fleurs rêvées,
Pin Uiam.

번역시 (한국어)

표류기 쓰는 은행나무

정시식

강진 성동리 은행나무
화란 풍차 돌리며
하멜 표류기 쓰고 있다

난파한 스페르베르호
제주도에 표류한 하멜 일행*
타향살이 위로하는 은행나무
천연기념물 385호

13년간의 조선 생활 기록한 표류기
서양 사회에 한국 알린
최초의 보고서
양국의 우호증진 앞장섰다

고인돌에 앉아
풍차 돌리며 향수를 달래는
서른세 명 화란인 환하다

*하멜 일행:1652년 화란을 출발해 자카르타와 타이완을 거쳐 일본 나가사키로 항해하던 중 폭풍을 만나. 1653년 8월 생존자 38명이 제주도에 상륙했다.

Ginkgo tree writing a castaway journal

Sisik Chung

Gangjin Seongdong-ri Ginkgo tree
Turning Dutch windmills
Writing Hamel's castaway journal

Shipwrecked Sperwer
Hamel's party castaway to Jeju Island*
Ginkgo tree comforting those living in a foreign land
Natural Monument No. 385

Castaway journal recording 13 years of life in Chosen
First report that introduced Korea to Western society
Leaded the way to promoting friendship between the two countries

Thirty-three Dutch brightly sitting on a dolmen
Turning windmills to relieve homesickness

*Hamel's party: Departing from Holland in 1652, they sailed to Nagasaki, Japan via Jakarta and Taiwan, but encountered a storm and 38 survivors landed on Jeju Island in August 1653.

ต้นแปะก๊วยเขียนบันทึกลอยๆ

Sisik Chung

กังจิน ซองดง– รี ต้นแปะก๊วย
กังหันลมของชาวดัตช์หมุนวน
เขียนบันทึกลอยๆ ของฮาเมล

สเปอร์เวอร์ที่เรืออับปาง
คณะของฮาเมลลอยไปที่เกาะเชจู*
ต้นแปะก๊วยปลอบโยนผู้ที่อาศัยอยู่ในดินแดนต่างถิ่น
อนุสรณ์สถานธรรมชาติหมายเลข 385

บันทึกลอยๆ บันทึกชีวิต 13 ปีในโชซอน
รายงานฉบับแรกที่แนะนำให้เกาหลีได้รู้จักกับสังคมตะวันตก
นำทางไปสู่การส่งเสริมมิตรภาพระหว่างสองประเทศ

ชาวดัตช์ 33 คนนั่งบนดอลเมนอย่างสดใส
กังหันลมหมุนวนเพื่อคลายความคิดถึงบ้าน

---

*คณะของฮาเมล: พวกเขาออกเดินทางจากเนธอร์แลนด์ในปี 1652 และล่องเรือไปยังนางาซากิ ประเทศญี่ปุ่น ผ่านจากการตาและได้หวัน แต่ได้เผชิญกับพายุและผู้รอดชีวิต 38 คนขึ้นบกที่เกาะเชจูในเดือนสิงหาคม 1653

번역시 (러시아어)

Дерево гинкго, пишущее дрейфующий журнал

Sisik Chung

Дерево гинкго Канджин Сонгдон-ри
Вращение голландских ветряных мельниц
Написание дрейфующего журнала Хамела

Потерпевший кораблекрушение Шпервер
Отряд Хамела дрейфовал к острову Чеджудо*
Дерево гинкго утешает тех, кто живет на чужбине
Памятник природы № 385

Дрейфующий журнал, описывающий 13 лет жизни в Чосоне
Первый отчет, который познакомил Корею с западным обществом
Проложил путь к укреплению дружбы между двумя странами

Тридцать три голландца, радостно сидящие на дольмене
Вращение ветряных мельниц, чтобы облегчить тоску по дому

---

* Отряд Хамела: Отплыв из Голландии в 1652 году, они отплыли в Нагасаки, Япония, через Джакарту и Тайвань, но попали в шторм, и 38 выживших высадились на острове Чеджудо в августе 1653 года.

Arbre ginkgo écrivant un journal de naufragé

Sisik Chung

Arbre ginkgo de Gangjin Seongdong-ri
Faire tourner des moulins à vent hollandais
Naufragé du journal de voyage de Hamel

Sperwer naufragé
Le groupe de Hamel a dérivé jusqu'à l'île de Jeju*
Un arbre ginkgo réconfortant ceux qui vivent dans un pays étranger
Monument naturel n° 385

Journal de voyage enregistrant 13 ans de vie à Joseon
Premier rapport qui a présenté la Corée à la société occidentale
A ouvert la voie à la promotion de l'amitié entre les deux pays

Trente-trois Hollandais assis sur un dolmen
Faire tourner des moulins à vent pour soulager le mal du pays

---

*Le groupe de Hamel : Partis de Hollande en 1652, ils ont navigué vers Nagasaki, au Japon, via Jakarta et Taiwan, mais ont rencontré une tempête et 38 survivants ont débarqué sur l'île de Jeju en août 1653.

해 설

정체된 시적詩的 상상想像의 묵시록默示錄을 읽다

심천深泉 김은수 시인

고목古木 사진작가 정시식 시인을 만나고 나무에 귀를 더 많이 기울이게 되었다. 정시식 시인은 오랜 공직 생활을 마감하고 사진에 몰두하면서 고목의 묵언默言을 듣고자 전국을 헤매고 다녔다. 그리고 잊었던 역사를 듣는다. 그것은 넋두리가 아닌 한편의 서사시敍事詩고, 역사시歷辭詩면서 인간 본성에 대한 의미시意味詩라 하겠다. 『고목이 시를 짓다』는 자신의 정체성을 찾아 살아온 삶을 되돌아보는 통로이고, 따뜻한 '제2의 집'을 짓는 일이다. 영원할 수 없는 인간의 삶에서 고목이 말하는 영원으로 가는 '자연의 집'을 짓는 일일 것이다. 시인은 그 일이 '시를 짓는 일'이라고 조용히 말한다. 정시식 시인의 이번 시집은 단순히 시의 길만 제시하지 않는다. 몇 백 년에서 몇 천 년의 고목을 통해 피안彼岸의 길을 보여 주고 있다.

제1부에서 제6부까지, 한반도 역사의 긴 여정을 거친 수고로움을 매 편에서 찾아볼 수 있다. 이러한 시인의 측은지심惻隱之心은 시작 노트를 통해 독자에게 아낌없이 마음의 선물을 보내고 있다.

제1부. 대구광역시에 소재하는 명산 팔공산 동화사로 가 본다.

동화사 조사전祖師殿 마당에는
겨울꽃이 핀다

극달화상 창건한 유가사瑜伽寺
중창한 심지조사心地祖師
겨울에 꽃핀 오동나무 보고
동화사桐華寺로 명했다

진표 스님의 불골간자佛骨簡子
수행도량 팔공총림에 봉안했다

임란 때 사명대사
봉황루에 영남치영아문 편액 걸고
승병 지휘한 호국사찰

1992년 통일약사 여래대불 세워
남북통일 세계 평화 염원하며
인류 행복 비는 오동나무
동화冬花 피운다

― 「동화사 오동나무」 전문 ― 월간 『시see』 특별초대석(2024.8)

"극달화상이 창건한 유가사"는 "심지조사"가 중창하고 "겨울에 꽃핀 오동나무 보고 / 동화사로" 불렸다. "진표스님의 불골간자"를 봉안한 동화사는 호국사찰이다. "1992년 통일약사 여래대불"을 세워 "남북통일"과 "세계 평화"를 기원하는 '오동나무'는 추운 겨울에도 꽃을 피워 평화를 기원하는 평화의 나무로 자리한다. 시인의 현실과 역사가 오동나무와 어우러져 평화와 화합을 이루어 내는 시의 역동성이 보인다.

『반야용선 전나무』는 원래 영조가 자응전慈應殿 현판懸板을 내린 기념으로 전나무 두 그루를 심었는데, 그늘이 진다고 한 그루는 베어내고 한 그루만 남았다고 전한다. 파계사에서 찾은 시인은 "600개의 나이테"를 보고 "미몽의 중생"을 구제하기 위해 '반야용선般若龍船 인도引導하'고 있다고 말해 준다.

달성 인흥동 담장 위로
기어 오른 능소화凌霄花
여름을 부른다

이백 년 꽃 피운
강호 능소화는
북한의 천연기념물 162호

삼국유사 엿본
인흥동 능소화가 장벽을 넘고
마주 보는 강호 능소화 그리워한다

남북통일 염원하는 두 손
붉게 합장하고

— 「통일 염원하는 능소화」 전문

　정시식 시인은 시인이기 전에 평화주의, 행복주의를 추구한다. 대구광역시 달성군의 '인흥동' 능소화의 여름이 뜨겁다. 이백 년 된 북한의 강호 능소화를 흠모하듯 장벽을 넘어 손을 내밀고 있다고 한다. 황해남도 배천군 강호리에 있는 임을 생각하면서 얼굴 붉히며, 두 손 합장하는 인흥동 능소화의 애틋한 모습은 우리의 염원인 통일을 기다리는 소원所願꽃이라 하겠다. 시인의 나무 사랑과 조국을 사랑하는 마음은 푸르고 뜨겁기만 하다.
　단양 우씨의 집성촌인 대구광역시 평광동은 산골 마을이다. 하지만 그곳에는 「광복 소나무」가 있다. "심은 사람은 잠들고 / 첨백당 태극기는" 밤낮없이 나라에 대한 충정과 일제 치하의 독립 정신을 일깨워 준다.

도학道學으로 물들인 도동서원 은행나무
낙동강을 읊는다

동방오현 김굉필金宏弼
비슬산 쌍계서원雙溪書院 주인 되었다

임란에 불탄 서원
낙동강 가에 다시 짓고

선조宣祖가 도동서원道東書院 친필현판 내렸다

사액서원 준공 잔치에
한강寒岡 은행나무 한 그루 심어
성리학性理學 도道를 기린다

오늘도
수현首賢 한훤당寒暄堂
사당祠堂을 향해 경배하는 은행나무

- 「도동서원 은행나무」 전문

  달성군 구지면에 있는 '도동서원' 앞으로 낙동강이 유유히 흐르고 있다. 역사의 증인으로 덧없는 인간사를 논하고 있는 은행나무. "수현 한훤당"을 사모하여 "경배하는 은행나무"를 본다. 시인은 나무가 써놓은 그 소리를 경청하고 있다. "성리학 도를" 말없이 설하고 있는 강과 이것을 지켜보면서 카메라에 담는 시인은 물아일체物我一體가 된다. 시적 이미지를 성리학의 경지로 끌어 올리고 있다.
  「신선송」은 팔공산 주인이 되어 천년바위 위에 자리를 튼 노송에게 선의 경지를 배운다.
  「표충단 배롱나무」는 "서기 927년 / 견훤과 왕건이 / 팔공산에서 자웅을 겨룰" 때 '신숭겸 장군'이 "왕의 옷을 입고" "왕건의 목숨을 건"진 일을 기려 "장군의 충절을 추모"하기 위해 해마다 여름이면 붉은 마음을 꽃으로 피워 마음을 달래고 있다고 한다.

사백 년 별거해도
이밥 지어
배 불려주는 자비목慈悲木

가창 행정리 이팝나무
여름을 맞는다

농사꾼에게
상춘객에게
쉼터 내주는 정자목亭字木

함께 피면 풍년들고
흩어 피면 흉년 드는 기상목氣像木

입하立夏에 피어 입하나무 되고
보기만 해도 쌀밥으로 배부르다

― 「이밥 짓는 이팝나무」 전문

　시인의 마음이 넉넉하다. 춘궁기에 보는 쌀밥나무가 보기만 해도 배가 부르다. 어려운 경제에 살았던 선친들의 삶을 달래주는 이팝나무는 "농사꾼에게 / 상춘객에게" 넉넉한 그늘과 쉼터를 제공하고 있다. 받기만 하는 삶의 깨침은 나무를 통해 듣고 있는 시인의 모습이 선명宣明하다.
　「안정자」는 팔공산 자락의 작은 마을의 지킴이다. 또한 "임란 피해 온 / 유학자 안황의 쉼터"였음을 알아내고, 나그네를 반기는 느티나무는 떠나간 형제를 기다려 "오백년 길손 반겨"주고, "타향살이 서러울 때" 넉넉한 자리를 내어주는 너그러움을 보여준다.

팔공산 미타봉 아래
신라 영조선사가 창건한 염불암

동자승이 큰 바위에
불상 모시기를 발원하더니
문수보살 칠 일 동안
안개로 불당 세우고
부처님 모셨다

서방에 아미타불
남방에 관음보살
스님 염원 이루었다

부처님 첫눈 내려
흰 붓으로 마애불 그리고
낙락장송은 일산日傘 되어
극락세계 펼친다

- 「염불암 낙락장송」 전문

첫눈 내린 날, 동화사 염불암 부처님이 오셨다. 힘든 삶을 다독이는 자비를 설하고 계신다. 시인의 마음에 포근한 안녕이 깃드는 시간이다. 시심은 불경이 되고 피안으로 인도하는 설법에 인간은 욕망을 지우고 있다. 사진 속 부처님의 자비와 시를 짓는 '낙락장송'은 정시식 시인만의 독창적 시세계의 풍미風味를 맘껏 보여준다고 하겠다.

밑자리 내주고
늦잠 자는 회화나무
느티나무 껴안고 상생한다

느티가 깨운 여름
회화가지 용트림 한다

배려와 자비심에
합장하는 상생수

바라보는 도동 측백수림
겨울이 따뜻하다

- 「상생수相生樹」 전문

대구광역시 동구 도동에는 천연기념물 측백수림側柏樹林이 있다. 서편 광장에 회화나무와 느티나무가 서로 껴안고 사는 모습을 볼 수 있다. 서로 잎 피는 시기를 달리 하면서 배려配慮와 자비慈悲를 함께 보여준다. 인간사가 그럴까, 세상사가 그럴 수 있을까. 누구의 독려督勵도 아닌 자연 순리의 단면을 정시식 시인이 발견하고, 그것을 문자화했다. 그림으로 그리듯 이미지화하면서 시적 상상과 어우러진 시심의 세밀한 형상形像이 깨달음으로 이어져서 울림을 준다.

「어진 나무 참느릅」에서도 '참느릅'의 어진 마음을 배워야 한다.

「염불하는 모감주나무」를 보면서 "숙천천淑泉川 맑은 물에 황금꽃 띄워" 두고 "중생을 구제하는 / 부처님 나무"라고 얘기하면서, 인간의 욕망으로 더럽혀진 마음을 씻을 수 있게 "염주를 꿰고 있"는 '모감주나무'를 만나 보라고 한다.

화란 사람 캠퍼는
유럽에서 사라진 화석수化石樹
품에 간직하고
애지중지 길렀다

2억 년
신비의 생명체 은행나무
중국 천목산天目山에서
생명줄 잇고
부처님 따라
한반도 일본열도로
터전을 넓혔다.

청도 하송리
운문사 참배 길에
심은 지 500년

암스테르담 필라델피아 한류韓流 은행나무
미국 유럽 가면
고향이 어딘지 물어볼 일

– 「한류韓流 은행나무」 전문

제2부. 경상북도에 소재하는 고목이 시를 짓는다.

　나무의 수명壽命은 인간보다 길다. 역사적 고증考證을 밝히는 시인의 끈질긴 성찰省察의 결과로 청도 매전면 은행나무의 이동 경로를 자세히 들여다본다. 중국 "천목산에서" 불경을 전한 경로를 따라 "한반도 일본열도"를 거쳐, "암스테르담 필라델피아"로 이어진 행보를 시인은 "청도 하송리 / 운문사 참배 길에 / 심은 지 500년" 된 은행나무에 새겨진 역사를 읽고 있다. 은행나무의 사진 속에 담긴 나이테를 헤는 정시식 시인의 관찰력觀察力과 학술적 통찰通察의 기지機智가 돋보이고 있으며, 그것을 물아일체物我一體로 풀어낸 시적 구성이 놀랍다.

신라 원광법사圓光法師 주석한
대작갑사大鵲岬寺에서
화랑정신 이어간다

청도 운문사 스님
불심으로 심어
천연기념물 180호 되었다

삼짇날
비구니 스님 불유佛乳 공양에
대적광전 비로자나불 가르친다

오백 년 지팡이 짚고
일산日傘 넓게 펼쳐
그늘로 설법한다

― 「설법하는 처진 소나무」 전문

청도 운문사에 가면 처진 소나무를 만날 수 있다. "오백 년 지팡이 짚고" 아직도 건재하다. 넓게 편 가지로 "운문사 스님"에게 "대적공전 비로자나불 가르"치고 있다. 부처님의 '자비'를 가르치듯 아래로 자란 가지는 인간의 오만함을 꾸짖는 듯 근엄하고, 한여름 그늘로 묵언의 "설법"을 하고 있다. 시를 짓는 일 또한 법法을 듣는 일이고, 소리로 듣는 것이 아니라 몸과 마음으로 깨닫는 것이다.

세 생명
한 그루로 환생하였다

상주 띠지미 수문장
경상북도 기념물 75호

천비賤婢 월선을 사랑한
강참봉 현손玄孫 한수

부모가 정한
강 건너 규수와
혼인했다

월선은 행복 빌며
소나무에 목을 매 자살했다

배속의 씨앗이
은행나무로 싹 띄웠다.

점쟁이 말 듣고
사후死後 월선을
현손 며느리로 맞아들인 강참봉

월선의 넋
아들의 혼
부인의 혼령이
강참봉 대를 잇고 있다

- 「세 생명 환생목」 전문

    상주 은척면에 '띠지미'라는 마을이 있다. 우람한 노거수에는 사연도 깊다. 정시식 시인의 작품에는 모두가 민담처럼 역사가 있고, 아픈 상처가 숨어 있음을 본다. 오랜 풍파風波를 겪은 시련의 인간사를 기억하고 있음을 보고, 그것을 시로 풀어내 보여준다. "천비 월선을 사랑한 / 강참봉 현손 한수"의 이루지 못한 사랑을 얘기하고 있으며, 신분 차별差別의 시대적 배경 속의 아픔을 애달파 하면서 '점쟁이'를 빌어 "월선의 넋 / 아들의 혼 / 부인의 혼령"의 사연을 '환생목'을 통해 승화昇華시키고, "강참봉 대를 잇"는 동네 지킴이가 된 고목古木이 한편의 '시詩'를 말하고, 시인은 그것을 받아 적고 있다.

「말하는 은행나무」에서는 "각시 잃은 연민 / 이웃 어려움 어루만져주는 / 자비로운 보호수"가 '절'은 사라졌지만 "말하는 은행나무"가 되어 각산마을을 지켜주는 '신목'임을 말하면서 "사람마다 털어놓는 고민"을 해결해 주는 고마운 나무라고 말한다.

「운부암 느티나무」는 '토요산방 일곱 도반'과 스무 해 동안 삼배를 드리는 고목이라고 "스님에게 깨달음 주고 / 천 삼백 나이테 태우고도 / 또다시 나이테를 쌓"는 운부암에는 "원효 성사 유심수唯心樹 / 성철 선사 오도수悟道樹"라 하면서, 시인은 자신의 내적 성찰省察을 위해서 오늘도 시적 고뇌苦惱를 한다고 말하고 있다.

팔공산 장군봉 정기
화랑 길러내고
부처님 동량 키운다

큰 바위 토막 낸 김유신
삼국통일 이룬 만년송萬年松

세상사 내려놓고
바위문 지나서 만년석 틈새
장군샘으로
남북통일 지혜 키우는
소나무 푸르다

– 「만년송」 전문

　과거 삼국통일을 이룬 김유신 장군이 도량道亮을 닦으며, 내려친 칼에 두 동강 난 바위 틈새에 "장군샘으로 / 남북통일 지혜"를 가르쳐 주고 있는 "소나무 푸르다"고 읽는다. '세상사는 내려놓는 것'이 아니라, '화합和合과 단합團合을 중시하라'는 경계警戒를 말함이요, 팔공산 능선에서 내려다보는 인간사를 지켜보면서 '만년송'의 뿌리를 생각해 보라고 한다.
　"360개 나이테"로 "날마다 문재文才 탄생" 염원하는 「직지 문인송文人松」 "홀아비 모신 / 주명기의 효심 기린 / 정려각 뒤" 「행곡리 효행송」 '포은 정몽주 선생'의 하늘의 순리를 전하고 있는 '임고서원' 앞에 서있는 '황금빛' 「단심목丹心木 은행나무」를 읽으면서 인간사 속에서 천리天理를 깨닫게 한다.

석관천石串川 홍수에 떠내려온 어린 소나무
나그네 노잣돈으로 동네 어귀에 심었다

무자식 외로움 달래던 이수목李秀睦
석송령石松靈 이름 지어 아들 삼고
호적 올려 전답 이천여 평을 상속했다

600년 거목 두 팔 벌려 주민 받들고
소작료 받아 동네 장학금 주는
천연기념물 294호

나라님이 아시고 하사금 내리니
석송령 장학회 만들어
미래 동량 키운다

― 「장학금 주는 석송령」 전문

 경북 예천군 감천면에 가면 '부자富者 나무'가 있다. '석송령'이란 이름의 나무는 "석송 장학회"를 만들어 동네 사람들에게 장학금을 주고 있단다. 사람도 하기 힘든 인재人才 양성養成에 앞장선 '석송령'을 보면 절로 고개가 숙여짐을 느낀다.

유네스코 문화유산 등재
소원 들어준
하회마을 삼신당 느티나무

허씨許氏 안씨安氏 류씨柳氏 이야기
동구洞口에 관가정觀稼亭 짓고
3대 적선하고 3년 집신 공양 후에
전서공典書公 물돌이동에 입향하더니

연화부수형 꽃자리에
소원지로 하얀 꽃 피우고
탑돌이 하회별신굿 마당을 연다

무형문화재 춤꾼

이애주 승무 춤사위가
육백 살 신목神木
장수長壽를 기원한다

− 「하얀 꽃 느티나무」 전문

　안동 '하회마을'에는 '삼신당 느티나무'가 있다. 600살 신목의 장수長壽를 빌며 '승무'를 추는 이애주 교수를 만났다. 인간과 자연의 합일合─을 연출하는 춤사위에 화자는 초점焦點을 맞춘다. 희열에 찬 무희의 옷은 승복이 아니라 일상복이다. '허씨'와 '안씨' 그리고 '류씨'가 3대를 거치면서 적선과 짚신 공양을 하고 물돌이 마을에 입향入鄕하여 현재까지 소원지所願紙를 허리에 두르고 서서, 탑돌이 하는 사람들의 소원을 들어준다. 자연에 경배하는 인간의 욕망을 잠시나마 내려두고 묵묵히 서있는 고목의 마음을 읽는다.

　안동 길안면에 가면 임하댐으로 수몰된 용계리가 살려낸 칠백 년 된 '은행나무'가 있다. 「하늘로 이사 간 은행나무」라고 하고 싶다. 작품 속의 화자는 인간이 자연에 대해 경애심敬愛心을 보여야한다고 말하고 있다.

백두대간 문경 황장산 자락
거북 등에 업힌 소나무

늦더위 기승부려도
푸르디푸른 하늘로 치솟는 기상

거북 등 껍질에 그려 넣고

괴뢰군 물리친 민병대의 용투로
총알 맞은 황장목

천주님 모시는 천주봉天住峰
300개 나이테 새기고
하늘나라로 뻗은 정기

황장송 등에 업고
고해苦海를 저어 가는
반야용선般若龍船 거북 한 마리

— 「황장송黃腸松」 전문

  '황장송'을 찾아 가 보고 싶다. 망망대해를 굽어보는 소나무를 읽는다. 용대신 '거북 등'에 올라 "반야용선"을 타고 "고해苦海를 저어"간다. 인간세계를 유유히 가로 지르며 삼백 년을 살고 있다. 시인의 눈빛에 비친 '천주봉天柱峰'과 함께 총탄 자국을 보여주며, 법을 설하는 목신의 모습으로 승화 시키고 있다.

  「도덕암 모과나무」를 봐도 '나무는 스승'이고 인간의 나약함을 채워주는 실체로서의 역할을 담당하고 있다. '도덕암道德庵' '도덕산道德山' 과 더불어 '어정약수御井藥水는 중생의 병'을 고쳐준다고, '800년 인간의 고뇌苦惱를 벗'겨준다고 말하고 있다.

청도 서원리 자계서원 은행나무

탁영 선생 사당祠堂 지키고 있다

탁영 김일손은 점필재의 문하생으로
영남 사림파의 학맥을 잇는다
과거 급제해서 조정에 나가
훈구파의 불의에 맞서
사림파의 개혁에 앞장 섰다

김종직의 조의제문 사초에 올려
무오사화로 능지처참 당했다

시냇물은 붉게 통곡하고
행목杏木은 하늘 주인 따라가고
여섯 형제 장성해서 대를 잇는 자계행목

- 「자계행목紫溪杏木」 전문

 "청도 서원리 자계서원"에 "탁영 선생 사당 지키"는 은행나무가 있다. '훈구파勳舊派'와 '사림파士林派'의 싸움에 휘말려 선비의 길을 올곧게 행한 '탁영 김일손' 선생의 사연事緣은 역사 속에 묻혔지만 "여섯 형제 장성해서 대를 잇는 자계행목"은 붉게 통곡하는 시냇물을 달래듯 가을이면 세상을 노랗게 물들여 놓고 있다.
 「고목의 감이 더 붉다」는 제목과 어우러지는 "하양 물볕"다방 이야기다. 학구열을 불태우듯 "땡감 고목"이 익어가고, 초겨울 추위를 데워주는 '홍시'가 하느님의 은총恩寵을 받은 듯 '하양교회' 앞에서 두 손 모아 기도祈禱드리고 있다.

제3부. 경상남도를 찾은 시인은 '진혼목'을 먼저 찾아 간다.

천령天靈 땅 함양
학사루 느티나무
으뜸 자리 천연기념물 407호

신라의 신선 최치원
학사루 올라 시를 남기고
조선의 성현 김종직
느티 심어 목아木兒의 혼 달랬다

상림上林은 물길 돌려
백성을 살찌우고
느티는 진혼목 되어
세상의 안녕을 살폈다

육두품 한恨 품은 신선은
가야산으로 숨어들고
시판詩板 불태운 성현은
무오사화로 부관참시剖棺斬屍 당했다
신선도 성현도 가고 없는데
누각樓閣과 당산목堂山木은
선인先人의 뜻을 펼치네

— 「진혼목鎭魂木」 전문

'목아木兒'는 김종직이 41세 때 얻은 늦둥이 자식을 말한다. 먼저 간 아들의 혼을 달래기 위해 학사루學舍樓 앞에 느티나무 심었다. '학사루'에는 신라 때의 고운孤雲 최치원 선생의 시詩가 남아 있다. 조선시대 무오사화戊午史禍로 부관참시당한 성현도 없고 신선이 된 최치원도 가고 없는 "누각과 당산목은 / 선인의 뜻을 펼"치고 있다고 한다. 떠난 자리를 읽는 시인의 눈에는 '목아'의 원혼이 천년을 살아 느티나무의 '판근'을 이루는 원천처럼 보인다. 지난 자리의 향기를 맡으며 깨달음을 얻는 시인의 촉각觸覺이 남다르다.

고기 배에서 나온 씨앗
당산나무 되어 풍어 풍년 빌더니

태풍에 큰 둥치 내주고
뿌리에서 살아난 열한 줄기

창선도 연태산 아래 당항리 들판
녹색 일산日傘 천연기념물 299호

노량해전 승리한 충무공
회군 길에 쉼터 내주고

일천 개 나이테 갑절 쌓아
수호목 되었다

껍질로 위장병 고쳐주고
팔만대장경판 불심으로 공양한다

– 「충무공 쉬어간 왕후박나무」 전문

   시인의 통찰력通察力이 놀랍다. 물고기 배속에서 나온 씨앗이 자라서 노량해전露梁海戰에서 승리한 충무공忠武公의 쉼터로 시적 상상의 전개가 예사롭지 않다. 일천 년 동안 마을을 수호하고 제 몸으로 살신성인殺身成仁하여 인간의 병을 낫게 만들고, '팔만대장경판'이 되어 불법으로 세상을 구하는 ·왕후박나무· 로 승화 시켜나가는 것을 볼 수 있다.
   "여든 살 노인의 일갈에 / 합천 구정리의 시원한 그늘이 된 「환생수還生樹」.
   "삼락리 장자 이동수"의 양자가 되어 "천년의 꿈을 꾸는 삼신목三神木" 「탑돌이 하는 전승목」.
   "주과포 흠향하며 / 대풍년 비는 오백 년 노익장" 「천곡리 이팝나무」.
   "오류선생五柳先生이 보면 / 귀감으로 삼으라 하· 는 「입항조 왕버들」.
   이 모든 고목이 인간계人間界와 어우러져 한 편 한편의 시를 짓고 있다.

청아한 매향 변함없이
옛것이 오늘을 새롭게 하는구나

금시당 은행나무 외로울까 봐
옆에 심은 지 200년

밀양강 물안개 재촉하고

산 너울 날갯짓
봄기운 퍼 나른다
봄비에 놀란
백곡재栢谷齋 매실
꽃눈 틔운다

- 「백곡재 매향」 전문

　'금시당 은행나무'가 '외로울까 봐' 심었다는 매화가 200년 동안 그 곁을 함께 한다. 인간의 사랑을 비웃듯 '밀양강' 변에 안개가 짙을 때면 "산 너울 날갯짓"에 "봄기운 퍼 나른다". 두 눈 비비며 실눈 뜨는 매화 꽃눈이 초롱 하다.
　「영동리 회화나무」는 "위쪽부터 꽃피면 풍년 들고 / 아래부터 꽃피면 흉년 드는 기상목氣象木"이 있다. 나무의 세계에도 인간사와 다르지 않다. "쉬나무 열매로 등불 켜고 글 읽어 / 삼정승 된 회화나무"라 하니 말이다. "위장 아픈 사람 수액으로 / 치료해 주는" 자비심慈悲心을 시인詩人은 따라 적는다.

마을 뒷산에서 묵묵히
풍년과 안녕을 비는
신목神木

새들 아이들에게
열매를 주고
장난감 팽소리에 놀라

팽나무라 불린다

검게 익으면 검은 팽나무
노랗게 익으면 노란 팽나무

천연기념물
북부리 팽나무

몰려드는 발걸음에
숨쉬기 어렵다

옛날이 그립다
조잘조잘 살가운 새소리
도란도란 정다운 이야기

- 「창원 북부리 팽나무」 전문

  창원 북부리에 유명세로 TV에 출연한 팽나무가 있다. "검게 익으면 검은 팽나무 / 노랗게 익으면 노란 팽나무"가 되는 나무. 어린애들과 놀아주면서 마을을 돌보는 신목神木 '장난감 팽소리에 놀라 팽나무라 불리는 나무' 구경꾼 없던 어린 날들이 그립다. 새소리 동네 사람 와서 정답게 주고받던 그 소리가 들리지 않는다.

  제4부. 전라도와 제주도를 찾는다.

의상 조사 화엄경 벽에 새긴

장육황금입불丈六黃金入佛 모신 장육전
임진왜란 불탄 전각
계파 스님 발원 복원한다

꿈속
문수보살에게 점지 받은 공양주
화주승 되어 시주길 떠난다
처음 만난 거지 노파
시주 청하자 놀라 깨달으니
육신 공양으로
대불사 기원했다

세월이 흘러
어린 공주로 환생하여
스님을 알아보고 소매를 잡는다
펴는 손바닥에는
장육전丈六殿 세 글자 뚜렷하다

이를 본 숙종이 감복하여
장육전 복원을 명했다
복원 기념수 장육화丈六花
어필 화엄사 각황전覺皇殿 국보 67호

육신공양 홍매紅梅
3월 개화가 붉디붉다

— 「장육화」 전문

「장육화」는 이야기책이다. 아니 정사正史와 야사野史가 어우러지는 윤회輪廻의 아름다운 이야기다. 이런 시인은 묘사描寫와 진술陳述의 묘미를 끌어내 나무와 인간의 유한성有限性을 동반한 그 감동을 시로 승화시키고자 했다.

나한전 아라한 * 에게 깨달음 주고
산신각 산신령에게 하늘의 향기 전한다

천자암 짓고
왕자 담당湛堂을 제자로 받은 지눌知訥
불법 구하러 중국 유학길 떠난 사제

깨달음 얻어
귀국길에 집고 온 지팡이 나란히 꽂아
뿌리 내린 나무
천연기념물 88호 되었다

조계산曹溪山에서
합장하는 두 그루

800살 목신木神에게
기도하는 중생衆生
극락왕생極樂往生 한다

― 「천자암 쌍향수雙香樹」 전문

고목의 삶이 인간의 역사가 된다. 시인의 시적 상상이 그

날을 생생하게 재현된다. 나무의 말이 기록된 서사를 정시식 시인만이 새겨들어 한편의 시가 되어, 800년이 지난 지금 "기도하는 중생衆生"을 "극락왕생極樂往生" 시켜주고 있다. "깨달음 얻어 / 귀국길에 짚고 온 지팡이 나란히 꽂아 / 뿌리 내린 나무"는 "조계산曹溪山에서 합장"하고 있다. "나한전 아라한에게" 가르침을 주고, "산신각 산신령에게" 천상의 향기를 전해준다. 시적 상상과 역사적 고증이 하나가 되어 인간의 허망 속으로, 천상의 향기로 어루만지는 '측은지심惻隱之心'을 보여준다.

 전남 구례에 가면 중국 '산동성 처녀'가 '가져온 예물禮物'이 '달전 마실'에 자손을 퍼트리고 있는 것을 「산수유 시조목」에서 볼 수 있으며, '충무공'이 좋아하던 '산수유차 한 잔'을 마시면서 '백의종군白衣從軍 나라 사랑하는 법을 배울 수 있다'고 말한다.

장수군청 정원에는
민족의 기상 소나무 서 있다

편모슬하 주논개朱論介
숙부에게 기숙하다가
벼 50석에 팔려 간다는 소리에
외가로 도망쳤다

이에 현감 최경희가
죄를 물어 사하고
후처로 맞이했다

임란 때 진주성 함락되니
비관한 현감은 남강에 투신하고
촉석루 주연에서
왜장을 안고 살신성인한 논개

열아홉 꿈꾸는 꽃
의암송

- 「의암송義岩松」 전문

 "열아홉 꿈꾸는 꽃 / 의암송"은 주논개朱論介의 혼이 스며있다. 파란만장한 여인의 인생사가 시인의 가슴 속에 의인義人의 모습으로 각인되는 '의암송'은 '장수군청 정원에서 가지를 뻗고 청정한 기상으로 역사 속의 위인偉人처럼 서있다. 아직도 남강을 뜨겁게 달궈주는 '열아홉' 꽃다운 청춘의 넋을 본다.
 「의병장 왕버들」에서는 '의병장'이 된 '왕버들'을 광주에서 만난다. 임란 때 "김덕령 의병장"의 우국충정憂國衷情을 기려 "정조는 충장공忠壯公 시호諡號"를 내리니 왕버들 세 그루가 '천 년 동안 북향재배北向再拜'하고 있다.

정월 대보름에
당산제 지내는 신목

늠름한 기상과 미려한 수형으로
으뜸나무 된 천연기념물 478호

임란 때 순절한 김충로의 충절
느티나무가 되어 나라를 지킨다

해동 절의공 김충남이
단전리에 터 잡아
형의 넋 담아 심은 장군나무

– 「형의 넋 담은 느티나무」 전문

 형의 충절을 흠모하며 심은 느티나무에 "당산제 지내"고 있다. 해동 절의공 김충남이 단전리에 심은 장군나무가 마을을 지키고 "미려한 수형"을 자랑하고 있다. 정시식 시인은 장성군을 찾아 형제애兄弟愛를 일깨워주는 느티나무 앞에서 또 한편의 시를 짓고 있다.
 장군의 기상을 보는 듯 "600년의 역경 딛고 / 나라 지킨 넋 / 또 천년을 기약"하는 「장군나무 진기리 느티」를 읽어 본다.
 "춘향과 이도령 혼례상에 올린 / 청실이靑實梨라 불린 청실배나무"가 있는 전라북도 진안군 마이산에 가면 「은수사 청실배나무」를 만날 수 있고, "태조 후손 이갑룡"이 쌓은 108 돌탑이 "불국토"를 염원하고 있음을 볼 수 있다.

대정향교 낮은 동정문東正門 지나면
겸손해진다

세종 때 현성縣城에 세운 향교

효종 때 단산簞山으로 옮겨
세 그루 곰솔 다섯 그루 팽나무 심어
삼강오륜三綱五倫 본보기 삼았다

땅속 깊이 판근板根 내린 팽나무가
근본根本 있는 사람을 가르치고
늘 푸른 곰솔이
사제간의 지조를 지키라고 한다

추사가
의문당疑問堂 편액 걸고
세한도 그리니
옛 선비의 하심下心을 배운다

- 「세한도 모델 곰솔」 전문

완당 김정희가 제주도로 유배流配 갔을 때 '대정향교'에서 후진을 양성했는데, 대정향교에 있던 "세 그루 곰솔 다섯 그루 팽나무"를 보며, 선비의 기상을 가르쳤다. 후일 '세한도'를 그려서 '곰솔'을 기억했다고 한다. '곰솔 세 그루 팽나무 다섯 그루'는 삼강오륜三綱五倫을 의미 하고 있어, 시인은 "옛 선비의 하심下心"을 본받고 있음을 짐작할 수 있다.

제5부. 충청남·북도를 찾아간다.

낙향한 선비 박훈朴薰
가르침의 씨 뿌린 지 오백 년

중국에서 시집온
참외 닮은 이름

모과나무가 있어 모과울木果蔚
모과울 박씨 본향

얼룩무늬 예술품
노란 향기가 사람을 살린다

모과공원木果公園 주인 되어
오송생명과학단지 지키는
천연기념물 제522호

모과울 향기가
청주의 으뜸이네

- 「모과울 모과나무」 전문

"모과울 박씨 본향" 청주시 흥덕구 오송읍에는 중국이 원산지인 모과나무가 산다. "모과공원의 주인"이 되어 '오송생명과학단지' 지킴이로 청주시민의 향기가 되었다. 기묘사화 때 조광조와 함께 유배 가게 된 박훈의 가르침을 전해주는 선비 나무의 향기는 그 우람한 생명력을 자랑하며 보는 이의 가슴마다 '선비정신'을 심어준다.
 "보석사 창건한 여섯 스님 / 육바라밀로 삼은" 은행나무가 금산군 남이면에 "일천백 개 나이테"를 두르고, 지금은 '여섯 그루'가 '한 그루'가 되어 "행복 보살 득도" 한다는 「육바라밀 은행나무」는 "일체유심조一切唯心造"를 이루고 있다.
충청북도 부여군에는 「사랑나무」가 있다. 고려 공신 유금필 장군이 식수한 느티나무는 조용히 "서동과 선화공주 사랑 나누는 / 사랑의 뿌리" 깊은 사연事緣을 들려준다.

고려 충신 살린
청주 중앙공원 압각수鴨脚樹

고려 충신을
이초의 난에 연류시켜
청주옥에 가두었다

하늘이 노하여
비를 내려 벌을 내릴 때
옥문을 나와 나무로 피신했다

그 후 공양왕이
하늘의 뜻 받들어
옥문을 열었다

900년의 희로애락 간직하고
충청북도 기념물 되어
청주를 지킨다

— 「충신 압각수」 전문

"청주 중앙공원"에 있는 '은행나무'가 고려 충신들을 살렸다고 전한다. 충절을 미리 알아보고 하늘을 대신해서 그 죄명을 벗게 했다는 나무. 의를 지켜준 나무는 현재의 인간사에 내리는 일침이라 하겠다. 문학적으로는 현실을 떠나지 않고 과거의 사실을 현재로 인용되는 회전回轉 시점에서 썼다고 하겠다. 시인은 모든 고목의 일생을 유추喩推하면서, 현자賢者로서의 본성을 찾아가는 중이다.

끝으로 제6부. 경기도·강원도의 고목을 읽는다.

키 큰 용문사 은행나무
하늘에 닿을 듯
천연기념물 제30호

왕좌 잃은 마의태자 한 되새기고
나라의 위기 알려
당상직첩의 벼슬 받았다

고려의 불심
조선의 선비 정신
용문사 불태운 일제 침략도 새겼다

동족상잔 경제성장
민주화의 외침도

천년 사직
망국의 한 켜켜이 새긴
일천일백 개 나이테 결을 세운다

- 「망국 한 새긴 은행나무」 전문

  경기도 양평군 용문사에는 '마의 태자'가 나라를 잃고 금강산으로 가는 길에 심은 '은행나무'가 있다. "고려의 불심 / 조선의 선비정신 / 용문사 불태운 일제 침략도" 새겨져 있다. 6.25 사변과 대한민국의 발전 과정을 지켜보며, 기록한 한 줄의 역사를 시로 짓는 시인을 만난다. 천 백년의 나이로 묵묵히 지켜보는 나무가 하늘과 맞닿아 천도天道를 일러주고 있다.
  강릉시 사천면에도 「나라꽃 무궁화」가 "일편단심一片丹心 분홍꽃"을 피워 "홍단심洪丹心 곧게" 세우고 있는 것을 볼 수 있다.

원주 반계리 은행나무 뿌리
별과 속삭인다

다섯 식구 한 가족 된
우람한 천연기념물 167호

성주이씨 나무 심어
떠난 지 팔백 년 지나온
흰뱀 되어 수호하는 신성목神性木

가지는 하늘 덮고
뿌리는 땅 수繡 놓고
유주遺珠는 세상과 소통한다

자식 욕심 버리고

사람 하늘 잇는 우주수宇宙樹

- 「우주수 은행나무」 전문

　겉으로 한 그루처럼 보이는 다섯 가족이 산다. 팔백 년을 살아도 자식을 두지 않고 '흰뱀'을 품에 간직하며 '험한 세상' 안녕을 지킨다. "가지는 하늘 덮고 / 뿌리는 땅 수 놓고 / 유주는 세상과 소통"하면서 밤이면 '별'을 불러 천리天理를 논하리라.

　강원도 삼척에 「저승길 인도한 음나무」를 만나고, "벌에게는 단꿈 / 민초에게는 새순 / 자비심을 베"풀면서 '모성애'를 실천하고 있는 부처 닮은 고목이 있다.

　"조선 최대의 충신 되어 하늘을 떠받"드는 「영월엄씨 시조목」, 하송리 은행나무를 보면서 다시 한 번 '나라사랑' 배운다.

밤나무 흑벌에

홀로 남아서

천연기념물 되었다

관동대로 길목

운교역 마방터

그늘 보시 600년

껍질은 근본이요

죽은 몸이 사당 위패 모신다
제사상에 올라
사람들에게 자비 베푼다.

- 「운교역 마방 지킨 밤나무」 전문

 강원도 평창군 방림면 운교리 '마방터'에 마방을 찾는 사람에게 "그늘 보시 600년" 한 밤나무를 만난다. "밤나무 흑벌에 / 홀로 남아" 말과 사람에게 무료 봉사하는 나무. '근본이' 된 껍질과 '사당 위패'를 모시는 밤나무는 삶과 죽음의 경계를 깨치게 하고 '600년' 보시하고서도 한마디 자랑도 하지 않는 하심下心을 흠모欽慕한다. 전국을 돌며, 고목의 묵묵한 가르침에 귀 기울이는 시인은 오늘도 내일도 방랑자가 될까, 방관자가 될까, 그 어느 쪽이든 깨우침은 오는 것. 시인이 선택한 그 길이 정답임을 믿어 의심치 않는다.

 정시식 시인의 첫 시집 『고목이 시를 짓다』는 '고목의 모습'과 '고목의 언어' 쓰여 진 시詩를 받아 적은 것이다. 그 속에는 고목의 역사와 인간사의 얘기가 고스란히 있어 조용히 귀만 기울이면 된다. 얘기 속에는 인간의 지혜와 인간성 회복의 정도正道가 있고, 잊혀져가는 삶의 윤회輪廻와 자연에 대한 경이로운 진리眞理를 깨닫게 하고 있어, 시인의 달관한 시심詩心의 발로發露가 아닐 수 없다.
 지구의 생태계를 바탕으로 한 시인의 '고목사랑'은 현대인의 귀감龜鑑이라 말하고 싶다. 또한 '의미시意味詩'와 함께한 고목은 사람과 자연이 서로 소통 疏通할 수 있는 길을 예시하면서, 참다운 인간성 회복에 바치는 헌시 獻詩라 해도 과언 過言이 아닐 것이다.

끝으로 시문학 예술과 사진 예술을 접목한 정시식 시인의 신선한 시적 감각에 경의 敬意를 표 表한다.

고목이 시를 짓다

2024년 12월 18일 초판 1쇄 찍음
2024년 12월 25일 초판 1쇄 펴냄

지 은 이_ 정시식
펴낸사람_ 김은수
디 자 인_ 이윤정, 방윤제(표지)

펴 낸 곳_ 도서출판 은수
등록번호_ 515-2022-00006
주   소_ 경북 의성군 의성읍 동서1길 14 2층
대표전화_ (054)832-6975
전자우편_ kes6156@hanmail.net

ⓒ정시식, 2024
ISBN 979-11-985267-6-2

* 지은이와 협의하여 인지는 생략합니다.
* 이 책 내용의 전부 또는 일부를 재 사용하려면 반드시 지은이와
  도서출판 은수 양측의 동의를 받아야 합니다.
* 책값은 뒷표지에 표시되어 있습니다.